ROBERTA LEPRI

HAI PRESENTE LIAM NEESON?

VOLAND

AMAZZONI

Roberta Lepri

Hai presente Liam Neeson?

Voland

Prima edizione: settembre 2021

ISBN 978-88-6243-460-7

Questo romanzo è un'opera di finzione, situazioni e personaggi sono frutto dell'immaginazione dell'autrice. Qualsiasi riferimento a persone esistenti o a fatti realmente accaduti è da ritenersi puramente casuale.

Eseguite le ricerche d'uso senza risultati, l'editore si dichiara disponibile relativamente all'immagine riprodotta in copertina.

“Non raccontate mai niente a nessuno.
Se lo fate, poi comincia a mancarvi chiunque.”
J.D. SALINGER, *Il giovane Holden*

“Mi manca chiunque. Ricordo quando ero giovane
e avvertivo una sensazione e la identificavo
come nostalgia di casa, e poi pensavo
che era proprio strano, visto che a casa ci vivevo.”
D.F. WALLACE, *La scopa del sistema*

1

Muovo il dito indice della mano sinistra e nel mio cervello si apre un tipo di dolore intenso e nuovo. La conseguenza è che spalanco gli occhi di colpo e la luce torna a rischiarare la mia vita. Dalla gola mi esce un rantolo. È gonfia, pare chiusa da un tubo. Sì, sento che ho la bocca aperta a forza da uno spessore di plastica tondo. Lo sguardo cerca nella stanza una presenza e trova quella di mia sorella. Non si è accorta del mio risveglio. È china sul tavolo, sta leggendo. Riesco a far funzionare la mente.

La passione per i libri è l'unica cosa in comune che abbiamo. Lei però ama solo i gialli.

È il primo lungo pensiero che faccio.

Sono in un ospedale, è evidente.

E questo è il secondo.

Mi è successo qualcosa, forse un incidente, ma non riesco a ricordarlo.

Ecco il terzo.

Mi chiamo Rita Colonna. Il mio cane è un Jack Russell a pelo ruvido di nome Haruki. Lavoro come impiegata all'Enel. Mia sorella si chiama Teresa. Nostra madre è morta venticinque anni fa.

In questi pensieri c'è più o meno tutta la mia vita.

Arriva un'infermiera e regola una macchina verde collegata a un tubicino trasparente. Il dolore passa e io mi lascio dormire.

"Rita, tesoro, mi senti?"

Non capisco perché mia sorella debba urlare. Infatti non urla, sono io che ho un orecchio sfondato.

Annuisco. *Sì, ti sento. Ma parla piano.*

"Che spavento. Che pena. Chissà quanto soffri, povera."

Mi accarezza la testa. Ha le lacrime agli occhi. La nonna le diceva: "Hai le lacrime in saccoccia, figlia mia." Lei, piccata, puntualizzava "Non sono tua figlia", e la risposta di Ida era "Per fortuna".

Annuisco. Soffro tanto, è vero. Mi fanno male i capelli che non ho più. Mi brucia la guancia. Anche le costole, il bacino, i polsi. La gola ora va meglio, da stamani non ho più il tubo per respirare ma la voce non esce. Provo ma niente: attraverso la trachea viene fuori un rumore di sfiato, come un palloncino che si sgonfia.

"Non importa, non sforzarti. C'è papà qui fuori, vuoi vederlo?"

La guardo a occhi sbarrati e lei si rende conto che non capisco. Di chi mi sta parlando? Per quanto io cerchi nella memoria, non trovo alcuna corrispondenza. Un padre è qualcuno che deve esserci da sempre, perché ti ha portato a scuola, ti ha insegnato ad andare in bici, a fare i compiti. Al mare forse ti ha riempito il secchiello d'acqua salata e dentro magari c'era anche una stella o un granchio. Io non conosco nessuno così.

Cristo. Mi sento peggio.

È passato qualche giorno. Non so se tra la vita e la morte, certo tra il dolore e la sua assenza. Tutto è migliorato da quando mi hanno tolto il tubo dalla gola. Mi sono rilassata e ora dormo, mi risveglio, dormo ancora. Trascorro in questo stato tre settimane. Mi riprendo e ogni giorno mi torna un grammo di energia. Ricomincio a mangiare, mi imboccano con pappe ipervitaminiche. Le evacuazioni sono terribili per l'imbarazzo, detesto farmi toccare da estranei. Scopro che con i parenti la vergogna è anche più pesante. Poi di colpo mi abituo. Quando non ci sono alternative riesco ad adeguarmi. Mia sorella, dopo avermi tolto la padella, per allentare la tensione mi legge alcuni dei libri che preferisco.

"*L'isola di Arturo*, ti prego."

"Ancora?" sbuffa lei.

"Ancora, sì."

Ricordo pagine quasi a memoria e niente dell'uomo che viene a trovarmi ogni giorno e che sostiene di essere mio padre.

"Ma i medici cosa dicono?" le chiedo all'improvviso. Quel signore alto e dai capelli bianchi, che resta seduto quieto in fondo alla stanza, è una presenza che mi infastidisce. È un estraneo che sostiene di non esserlo. Ha come prova il cognome sulla carta di identità, suppongo. E comunque Teresa lo tratta in modo familiare. È imbarazzato, lo capisco. Anche io mi sento molto a disagio.

"Dicono che hai perduto una parte di memoria. Ricordi benissimo quasi tutto ma alcune cose le hai cancellate completamente. Cose e persone, intendo. Il giorno del tuo incidente, ad esempio, te lo ricordi?"

Faccio segno di no con la testa. Non ne so niente. Ho la certezza che il giorno prima fosse un giovedì. E dunque mi manca un venerdì. Quello anche prima, dice lei. Provo a sorridere della battuta. Ho la bocca un po' storta.

"Ecco, non ricordi l'incidente e nemmeno nostro padre."

Chi altro manca al conto?

"E adesso?" chiedo farfugliando.

La mia domanda non ha senso e infatti mia sorella tace. Una risposta non esiste. Adesso è adesso. Ieri non c'è. E il domani è quel giorno, non prevedibile, in cui ricomincerò a camminare.

L'uomo seduto in fondo al letto mi guarda e sorride. Per la felicità che io sia viva, forse. Niente, non mi fa venire in mente niente. Ha il naso grosso e rosso, i denti giallini e l'apparecchio acustico. Si agita, anzi, vibra. Come fa Haruki un attimo prima di iniziare a scodinzolare. La sua contentezza pare originarsi da un punto imprecisato della testa, e scorre in fondo. Avverto l'onda del suo movimento mancato, che è insensata gioia. Insensata per me che non lo conosco e non lo riconosco. Potrebbe essere chiunque. Non gli somiglio, per fortuna. E nemmeno mia sorella. Sospiro e accarezzo la ferita sulla guancia, sembra una cucitura su una vecchia coperta, fatta con un filo di spessore diverso da quello originale. Brucia. *Non mi importa, 'fanculo.* Mi giro di là e dormo.

Alla quarta settimana decidono di mandarmi a casa. Mi ci portano con la barella, arrivano fino alla soglia, poi mi alzo. Voglio entrarci con le mie gambe. Mi trascino. Appena entro capisco che manca qualcosa ma non saprei dire cosa.

Haruki mi corre incontro e piange. Si rotola, povero amore, è rimasto dalla ragazza a cui lo lasciavo quando andavo in ferie. Ce l'hanno portato due giorni dopo l'incidente, quando si sono ricordati di lui. Sono entrati in casa e l'hanno trovato stremato per la fame e la sete, in mezzo a un mare di cacca e pipì. Mia sorella animali intorno non ne vuole, e così lo hanno dato a Valentina. Scopro che mio cognato oggi è andato a riprenderlo per farmelo trovare quando rientravo.

"Ciao, Haruki Harukino mostriciattolino, ciao amore piccolo, ciao ciao, come stai come stai come stai?" Ho le lacrime agli occhi. Lui salta, fa dei balzi che pare abbia le molle alle zampe.

"Poveretta, ci sarà da pagare la ragazza," dico a mia sorella "dobbiamo darle dieci euro al giorno."

Mi ricordo perfettamente la retta della dog sitter e niente so di mio padre.

"Non preoccuparti, Valentina non ha voluto niente, era tanto in pena per te. Tutti erano in pena per te."

Noto che l'ultimo verbo che ha usato è alla terza persona plurale. Perché?

Non era anche tua la pena?

Mi stranisco. Il mio cervello si fissa sui dettagli in modo maniacale, specie sulle parole. Devo smetterla.

Mi guardo intorno, la casa è sottosopra. Ci sono diverse cornici vuote appoggiate sul tavolo. Ma non è solo quello.

Oddio, i miei libri.

Vedo gli spazi lasciati nella libreria come fossero denti mancanti in una bocca giovane. Mi si ferma il cuore. Li ricordo tutti. Striano, non c'è più Striano. E Werfel. E *Balzac e la Piccola Sarta cinese*, Madonna santa, chi li ha presi?

Davanti allo spazio più grande mi si ferma il battito. Solo *Shantaram* poteva lasciare un vuoto grande come quello. E poi manca Lodoli, cazzo. Wallace e Roth, invece, per fortuna non li hanno toccati.

In un angolo del mobile della cucina, gettato malamente e con le pagine spiegazzate, c'è pure un libro blu. Haruf, *Le nostre anime di notte*.

Di chi è? *Non è mio*, penso. Non l'ho mai letto. O forse non lo ricordo. Perché qualcuno dovrebbe aver lasciato qui questo libro per portare via gli altri? Su che base sono stati selezionati? In terra sotto al tavolo c'è una carta da regalo stropicciata. Mi siedo e comincio a piangere. Provo dolore e smarrimento, la mia casa non è più mia. Manca qualcosa e non capisco che cosa. È una parte grande di me e non so chi l'abbia presa. Sforzo la mente in cerca di un pezzo di vita che forse non ritroverò mai.

Nella speranza che vedendo la stanza in queste condizioni mi tornasse la memoria, su consiglio dei medici non è stato toccato niente, me lo ha detto Teresa. Prima dell'incidente, qui devo aver fatto un macello. Poi sono uscita. Anche la sparizione dei libri è parte dell'amnesia. Magari li ho solo prestati e non me lo ricordo, così come è accaduto con l'incidente e con mio padre. Il medico mi ha spiegato che posso aver dimenticato situazioni e persone. Solo che io non presto mai i miei libri, a nessuno, di questo sono certa. Nemmeno a mia sorella. Li compro, metto la data, li timbro con l'ex libris dell'angelo. Sul frontespizio, anche se sono autografati, scrivo a lapis le pagine salienti, da andare a rileggere quando serve. Poi li sistemo in ordine alfabetico di autore e titolo. Tutto Roth, tutto Márquez, tutto Wallace, tutta Morante e Bellonci.

Non posso fidarmi della mia memoria, perciò adesso provo imbarazzo verso chiunque. La signora che abita qui accanto pare simpatica. L'ho incontrata un attimo prima di entrare in casa, secondo me stava guardando dallo spioncino. Non ricordo quale fosse il nostro livello di conoscenza e se i nostri rapporti fossero buoni. Mi ha invitata a prendere un tè ma non ho molta voglia di andare.

Mi hanno consigliato di fare un elenco delle persone che ricordo. Ho usato la rubrica del telefono: quasi tutti, a parte mio padre. Lo avevo salvato come 'babbo'. Babbo in siciliano è un'offesa, devo averlo letto in un libro di Camilleri. In umbro no, è l'equivalente di papà. E io sono umbra, questo almeno me lo ricordo benissimo.

"Teresa, dove sono nata?"

"A Roma, come me. Perché, non te lo ricordi?"

"Credevo in Umbria."

Mi guarda inorridita, sorrido per tranquillizzarla. Qualsiasi cosa possa mancare dalla mia memoria richiama la sua attenzione. Mi sento tesa. Non voglio fare passi falsi. Mi pare di avvertire il rumore del suo cervello che crea un'ipotesi su di me che credo di essere nata da un'altra parte. Non voglio diventare per lei 'la smemorata pazza'.

"Ma no, certo, ti prendevo in giro!" esclamo allegra.

Teresa sbuffa. Dice che l'ho spaventata e che non devo scherzare sulla mia amnesia. Un conto è dimenticare e un altro invece ricordarsi cose sbagliate. Dati al posto di altri. Del resto lei è un'esperta di informatica.

"Mi hai fatto una paura, Rita. Cazzo c'entra l'Umbria? Certo che sei scema. Nemmeno ci sarai mai andata. Forse da ragazzina alle Marmore quando io stavo col canoista. No, magari con noi quella volta nemmeno c'eri."

Il mio pensiero compone il nome 'Città di Castello'.

"E di Città di Castello che mi dici?" provo a chiedere.

"Che c'è nata Monica Bellucci, lo sanno tutti."

Ma nella mia testa compaiono pure Alberto Burri e un piatto fumante di tagliolini al tartufo.

La sento che borbotta un vaffanculo gentile: "A te, a Città di Castello e alla Bellucci." Ride nervosa, comincia a considerarmi come una complicazione, una di quelle situazioni da risolvere che le fanno perdere tempo e quindi detesta. Ha una professione impegnativa, due figli gemelli, un marito, nessun animale perché dice che sporcano. Le nostre sono vite al rovescio.

"Come fai con il lavoro?"

Glielo chiedo tanto per dire, lo so già come fa: si organizza.

"Mi sono organizzata."

Avrà cambiato i turni della baby-sitter di Pietro e Paolo. Avrà chiesto alle madri degli altri ragazzini di portarli in piscina e a judo. È una gran simpatica, sa come conquistarsi le persone e non le avranno detto di no. Mio cognato è bravo a fare la spesa e a cucinare, non si sarà tirato indietro nemmeno lui. Teresa, al contrario di me, è empatica. Chissà se per lei adesso provo più gratitudine, curiosità o invidia.

Mi viene in mente Dario, il mio fidanzato che figli non ne voleva. Se mi sforzo, ricordo un paio delle nostre discussioni sull'argomento. Tra noi è finita per stanchezza e lontananza. Non potevo pensare a me stessa come a una donna che non riuscisse a generare niente. Lui invece era certo di non poter essere un buon padre e di figli non voleva neanche sentir parlare. Dopo un rapporto in cui il preservativo si era rotto, era andato fuori di testa, implorandomi di prendere la pillola del giorno dopo. Lo feci controvoglia, incazzata, delusa e rabbiosa. La presi per farlo contento, lasciandolo prima della mestruazione successiva. Uno spreco, se penso che una parte di me gli voleva bene e che non ho generato niente lo stesso.

Lo chiamerò, non voglio che sappia dell'incidente da altri. Uno dei pochi veri amici che ho, anche se alla distanza siderale che intercorre tra Roma e Torino.

Mi concentro sul presente. La cicatrice sul viso è rossa, sono ancora piena di lividi dalla testa ai piedi. Provo a cambiare argomento.

"E la mia auto? Che fine ha fatto? Quanti danni ha?"

Conosco già la risposta. Rivedo per un secondo il colore fantastico della lancia termica che la apriva in due per farmi uscire. Era insieme luce azzurrina e gialla. Almeno quello lo ricordo.

La mia macchinina, ci tenevo tanto. Chiudo gli occhi e risento le mani del vigile del fuoco alle prese con il collare ortopedico. Poi una voce. "Chissà se si salva" diceva il medico nell'ambulanza.

Chissà se davvero gli interessa, avevo pensato.

Nonostante la quantità di affetto che in questi giorni tutti mi dimostrano, io avverto una strana sensazione. Un sospetto di base, ma netto. Sono collegata a una filodiffusione che dentro di me ripete: *Non ti fidare. Non farlo con nessuno. Ti stanno raccontando una marea di cazzate. La cosa importante per te è quella che non ricordi più.*

Mi guardo la mano sinistra. All'anulare il segno bianco lasciato da un anello è molto evidente. E poi mi viene da girarlo, quel cerchio che non c'è.

"Teresa, ho perso il mio anello."

"Porca miseria, Rita, mi dispiace. Ci tenevi tanto."

"Era quello..."

"Sì, quello con la pietra celeste. Non te lo toglievi mai. Mi dispiace tanto. Sarà andato smarrito nell'incidente."

"Probabile."

Mia sorella si avvicina come un gatto. È materna. Si siede sul letto piano per evitare che un sobbalzo mi procuri altro dolore. Mette le mani in grembo e poi se le porta al volto. Farfuglia qualcosa che capisco a malapena ma che non comprendo.

"Mi sa che te lo aveva regalato il tuo uomo."

Sgrana gli occhi sulla mia faccia come se l'avesse detta grossa e si aspettasse in cambio chissà quale reazione. La mia inespressività da sola è la risposta alla domanda che non ha fatto. Non me lo ricordo. Non so chi sia quest'uomo, non esiste più.

2

"Ho fatto un sogno."

Mia sorella si volta a guardarmi e con gli occhi indaga.

"Ho sognato nostro padre. Sì, insomma, quell'uomo. Anche se non lo ricordo, dormendo in qualche modo devo averlo legittimato, dandogli uno spazio. Nel sogno sapevo di essere sua figlia. Ero in un luogo che non conosco, però era casa mia. Aveva eleganti pavimenti di legno scuro ma pieni di polvere a matasse bianche. Che schifo, pareva la tana di un coniglio. Vabbè, insomma, lui arrivava e si metteva a pulire, con gentilezza. Passava lo Swiffer sotto al letto e spostava bene i comodini, nemmeno fosse stato un maggiordomo. E intanto diceva: 'Mi dispiace, mi dispiace, Rita.' Io mi vergognavo per la sporcizia e anche un po' per lui, per il suo atteggiamento tanto umile, così cominciavo ad aiutarlo e in poco tempo era tutto in ordine.

Chissà di cosa si dispiace, pensavo. *È tanto un bravo padre, mi aiuta perfino a pulire casa.* Non sapevo come sdebitarmi e allora uscivo per andare a comprare qualcosa di buono da mangiare. Sulla porta incontravo una donna che mi sbarrava la strada. Bassa, bionda e con le tette enormi. Truccata in modo vistoso. Non era nostra madre, lei me la ricordo bene: una spilungona ossuta, tutto il contrario di questa. Però in qualcosa le somigliava. Gli occhi, credo. Non voleva che glieli guardassi, metteva svelta gli occhiali da sole, Ray-Ban a specchio. Secondo me doveva sentirsi molto furba. Aveva un profumo strafottente e dolciastro, terribile."

Teresa sorride. “Ricordi? Anche mamma quando qualcosa provocava il suo disgusto usava lo stesso aggettivo. *Terribile*.” Calca sulle erre per imitarla.

Annuisco. “Comunque, quella all'improvviso mi abbracciava e io mi sentivo sollevata in modo esagerato, come se avessi scampato un grave pericolo. Quando aveva preso gli occhiali nella borsa credevo volesse tirare fuori un'arma per uccidermi, ero certa che mi volesse fare del male.”

Allora lei fa una smorfia allusiva. “Chissà, magari sta per tornarti la memoria... oppure abbiamo appena scoperto che hai cancellato tre persone invece di due. Beata te, valeva quasi la pena di restare mezza morta al Muro Torto per togliersi dalla testa certa gente.”

“Tipo?”

“Tipo quella che hai sognato.”

Non rispondo. Perché dentro di me non c'è nulla che riguardi mio padre? Il suono della sua voce è neutro. Non è aggressivo ma nemmeno dolce. E io non riesco a ricondurlo a qualcosa che mi appartenga. Nemmeno i gemelli, suoi nipoti, gli somigliano, e nella mia testa pare piovuto dalla luna. Una comparsa, un commediante che nessuno ha ingaggiato e che recita del tutto sicuro del proprio ruolo. Era con me quando sono andata a scuola per la prima volta? Avrà mai parlato con i miei insegnanti? Mi avrà letto una storia per farmi addormentare? Mia sorella fa la vaga, ci deve essere qualcosa che non vuole raccontare. E io preferisco non sapere altro, la mia ansia è già grande a sufficienza. Sono preoccupata per i miei libri e per l'anello. E poi devo rientrare al lavoro. Voglio tornarci. Anche se ho ancora un certificato per un mese di convalescenza e potrei andare avanti chissà quanto, detesto l'idea di restare a casa. Vorrei ricominciare, anche così, con le stampelle, con la cicatrice sulla guancia e la testa mezza rapata.

Stai a vedere che adesso Matteo la smette di farmi le solite avance. Sono anni che ci prova, è diventato vecchio cercando di portarmi a letto, poveraccio.

Cerco di non guardarmi allo specchio. Quando mi lavo i denti e lo sguardo cade per forza sulla mia faccia ferita, mi osservo ma non so se sono davvero io. E non parlo della bellezza. C'è una parte di me che è nascosta. Non so nemmeno se ho voglia di ritrovarla per scoprire come è fatta, oppure lasciarla nel buio in cui è finita. Nel luogo in cui l'ho mandata con l'incidente, magari affanculo, insieme alla donna terribile del sogno.

Mi alzo cercando di essere sciolta nei movimenti, così Teresa non si preoccuperà e si deciderà ad andarsene. Il femore mi fa ancora male per via delle viti, pare che una si sia posizionata storta e che ci sarà da risistemarla. Un'altra operazione. Forse più che di un chirurgo avrei bisogno di un meccanico. Allora mi viene in mente la macchinina. E naturalmente penso all'incidente. Chiedo a mia sorella come sia andata. Strano, è passato un mese e mezzo. Io non l'ho chiesto, e nessuno me l'ha ancora detto. *Com'è andata?* Se ho fatto del male a qualcuno, o se invece qualcuno ne ha fatto a me. La colpa, la ragione. Dentro la testa risuona forte da fare male la parola 'assicurazione'.

"E l'assicurazione?" Il cuore mi batte più veloce, mentre il cervello ripete in loop *assicurazione*.

"Ripagherà i danni che hai fatto al guardrail."

Sta tagliando corto.

"Chi è andato per la denuncia se io ero in ospedale?"

"Giovanni. Ho mandato lui. Al posto della tua firma hanno allegato un trafiletto del giornale."

"Addirittura... sono famosa."

"Eh, già."

"E gli altri?"

"Chi?"

Teresa finalmente capisce e sbotta: “Cazzo, Rita, con quel piccolo catorcio verde ti sei infilata alle due del mattino nel tunnel come Lady D a Parigi. E infatti ci sei quasi riuscita a fare la stessa fine. Certo, molto meno chic, schiantarsi al Muro Torto. Ma comunque quello avevi, no? Non c’era nessun altro, per fortuna. Tutto da sola, santa Madonna, hai fatto tutto da sola. Come sempre, del resto. Certo che non è da te andare così veloce, di solito sei una lumaca. Il perito ha detto che eri a tutto gas, il contachilometri era fermo a centotrenta, e quando i vigili ti hanno tirato fuori avevi ancora il piede sull’acceleratore. Magari si sbagliano, io la penso così. Ma al Muro Torto alle due di notte, che ci facevi a tavoletta? Forse guardavi il cellulare, sei sempre a spippolare, ti sarai distratta. Non è che giocavi a Ruzzle, vero? Il guardrail in pratica lo hai divelto. E meno male che avevi la polizza infortuni del conducente. Ha pensato a tutto Giovanni. È intervenuto lui, capirai, avvocato e cognato, non hanno trovato niente da ridire, anzi. D’altra parte tu eri mezza morta, chi ci doveva andare a fare la denuncia? E comunque tutti gentilissimi, gli hanno steso il tappeto rosso. Hai mille euro per ogni punto di invalidità. Mi sa che stavolta ci fai i soldi, mannaggia a te e al Muro Torto.”

Non so se mentre scherza stia cercando di dirmi qualcosa. A me il Muro Torto fa paura anche solo a pronunciarlo, è brutto a partire dal nome, un budello nero e puzzolente di gas di scarico. Perché ho avuto l’incidente proprio lì, se non ci passo mai? Non lo sopporto, lo temo, al lavoro vado in metro. La macchinina la uso di rado e infatti si copre di cacca di piccione.

Si copriva.

E poi la uso soprattutto in estate, per andare al mare.

La usavo.

Andavo via, dritta fino al Parco della Maremma, spiaggia bianca e piccole capanne fatte di tronchi: l’edilizia popolare e naturale della spiaggia libera. Chissà se poi quelli dell'ente regionale le hanno buttate giù come dicevano di voler fare l'anno scorso.

Con i soldi dell'assicurazione comprerò un'altra auto, dello stesso verde metallizzato. Così quando la parcheggio la ritrovo a colpo d'occhio. Non c'è niente che non possa tornare come prima. Se si aggiustano le ossa, se ci sono bulloni per tornare a camminare, ci saranno anche per tornare a vivere. Magari anche per ricordare.

O forse ha ragione mia sorella ed è meglio dimenticare.

3

Mario è lì da alcuni mesi ma non si è ancora abituato. All'inizio gli pareva fantastico. L'odore nell'aria, il vento e il colore del cielo al tramonto. I cactus sul terreno di lava sbriciolata. Gli sembra ancora tutto molto bello, anche se di notte il silenzio gli impedisce di dormire.

La sua casa in mezzo a tante altre case ordinate, senza il caos di Roma e il vociare degli ubriachi all'alba, lo rende soddisfatto ma si sente anche fuori posto. In Italia usava l'insonnia per fare progetti e bestemmiare tra i denti le scadenze, i clienti in agenda, le corse per cercare, sempre e comunque, di mantenersi libero il venerdì per correre da Rita. Si punta un indice alla gola, poi sotto l'orecchio, per simulare il naso di lei in cerca del suo profumo. Si rivede ragazzino, la prima volta che aveva provato il patchouli su consiglio di Paolo, che scopava già a quindici anni.

Le ore che trascorre sveglio adesso gli servono per ricordare. Non ci sono impegni, perfino il meteo è prevedibile e non c'è bisogno di consultare l'app dello smartphone: a Lanzarote c'è sempre vento e non piove mai.

Dicono che restare svegli di notte sia normale alla sua età. Di solito se in sua presenza viene pronunciata la parola "anziano" si guarda intorno per cercare chi sia il tipo in questione. Lui no, davvero. Tutti i coetanei celebri che vede in foto sui giornali gli sembrano decrepiti. Però lui non è così, cazzo, gli anni se li porta benissimo. Nella sua mente ha un corpo di un'età indefinibile, compresa tra i venti e i quaranta, ed è ancora nella squadra di calcetto degli assicuratori. È uno potente, sempre all'attacco, che segna spesso, anche se non gioca da trent'anni.

Ricorda quando un dirigente della Lazio vedendolo in partita andò ad aspettare suo padre sotto casa, al rientro dalla fabbrica.

"A parte che semo tutti romanisti, er regazzino deve annà a scola" fu la risposta lapidaria.

L'altro si limitò a spegnere la cicca sul marciapiede e se ne andò senza aggiungere una parola.

Quando Mario chiese spiegazioni sull'identità di quell'uomo, le cui gambe aveva visto dalla finestra della loro casa seminterrata, suo padre gli disse secco che non era nessuno, solo un venditore di stronzate. Poi in punto di morte glielo aveva confessato: era Giambartolomei, un grande uomo d'affari, sia del pallone che del cinema, uno che avrebbe potuto fare di lui allo stesso modo un calciatore professionista o un attore. Suo padre aveva ancora il biglietto da visita del manager nel cassetto del comodino. Che stronzo.

La cometa della fortuna lo aveva sfiorato e lui nemmeno se n'era accorto. Su quell'episodio aveva costruito un sogno di grandezza da spolverare ogni volta che la vita lo aveva messo con le spalle al muro. Soldi, una vita serena, una casa bellissima, la felicità per il padre, le zie, i figli e un giorno i nipoti, fino alle generazioni più lontane. Avrebbe potuto essere molto amato e rispettato, se suo padre gli avesse concesso un provino con Giambartolomei.

E allora gli prende la smania.

Poi si rende conto che non tira più un calcio a un pallone ormai da un secolo e gli viene da chiedersi quand'è che le cose siano cambiate e il meccanismo abbia iniziato ad arrugginirsi. Il primo movimento verso il basso quand'è stato? A un certo punto è finito il tempo per gli amici, per lo sport. C'era il lavoro, c'era la famiglia, le partite solo in tv, e andava bene così.

Si era mantenuto degli spazi, ovviamente. Se li era ripresi da un certo punto in poi. I libri e i venerdì da Rita erano diventati il suo sfogo. Ma non erano la realtà, erano la fuga da una realtà che odiava. Una realtà al contrario. La medicina per un male che non guariva. E non erano abbastanza.

Allora ha spinto sull'acceleratore. La pensione alle Canarie viene tassata poco, l'appartamento a Roma è stato venduto e gli accordi sono che lo lasceranno in ventiquattro mesi, il tempo che anche il più piccolo dei figli si laurei. Dalla vendita ha ricavato molti soldi, la nuova casa lì non è costata niente, la differenza è rimasta a fruttare in banca. Quindi non deve fare altro che vivere.

Vivere come? Vivere che cos'è? Non avere più preoccupazioni economiche, certo. Controllare con soddisfazione il saldo del conto tramite l'app sul nuovo telefonino. Andare al ristorante quando vuole. Farsi un regalo. Cambiare il PC. Pensare di comprarsi una barca che non comprerà ma sapere di poterlo fare. Ritrovarsi con altri come lui, che hanno la sua età, sembrano tutti più vecchi e sono lì per il suo stesso motivo. Hanno mogli che somigliano alla sua, figli rimasti in Italia in tutto e per tutto simili ai suoi. Per ognuno di loro c'è la stessa storia di fuga da un paese in cui era diventato impossibile vivere, se non di stenti.

Poi chissà se davvero sarei vissuto di stenti. Forse volevo solo cambiare le cose e dimostrare di poter rinascere. Dimostrarlo a chi? Volevo solo essere ancora felice. Tranquillo. Come tutti. Come tutti quelli che riposano in queste belle case uguali, nel silenzio di una notte senza alcun rumore ma che a me impedisce di dormire.

È sempre stato molto severo con sé stesso, perciò trova normale esserlo con il prossimo. Ha la fama di avere un brutto carattere. Ma per lui il carattere è carattere, né bello né brutto: o ce l'hai o sei un rammollito. Non smette di farsi domande, di tormentarsi, innervosirsi per i comportamenti sleali degli altri. È sempre pronto allo scatto, all'attacco. Gli piace tendere a una perfezione che non esiste, che è una ricerca inutile.

Con Rita non ne aveva bisogno, pensa. Come in un meccanismo di incastri, ogni gesto di lei corrispondeva alle sue aspettative. E se c'era un problema, lei gli sorrideva. Se lui cominciava a irritarsi, lei lo abbracciava. La donna perfetta e lui non l'ha voluta.

Lei sembrava così importante, pensa al buio.

Infatti lo era.

Eppure me ne sono andato e l'ho lasciata.

L'istinto di sopravvivenza, deve essere stato quello.

Sarei restato per lei e invecchiato comunque con Irene. Quindi lo stesso lontano da lei. Che scelta del cazzo non poter scegliere. Tanto vale finire in bellezza quaggiù.

Mentre rimugina, Mario Parenti ha accanto sua moglie, che ha il respiro pesante. Lui sente il rumore del mare dalla finestra aperta e ha intorno la notte.

4

Mario sembra cordiale, ma non riesce a provare vera simpatia per nessuno. Questo lo rende forse più libero di osservare e lo fa sentire un po' psicologo.

Dalla postura del corpo cerca subito di capire quali siano le intenzioni e le attitudini dell'interlocutore, facendo di tutto per metterlo a suo agio. In realtà è solo per valutarne i punti deboli, si tratta di una delle vecchie tecniche di vendita che scatta in maniera più o meno consapevole.

Quando è in compagnia si siede a tavola e osserva, sorride gentile, risponde solo se interpellato. Mai invadente. Detto in una parola che ama: umbro. E come succede alle piante robuste, una di quelle querce sui cui rami giocava nell'infanzia, le persone della sua vita sono venute a sedersi sotto la sua ombra. È accogliente, riesce a comunicare sicurezza e a dare ristoro. È sempre stato un punto di riferimento per la sua famiglia, perfino per le fidanzate dei figli. Sa consigliare, valutare, pianificare, creare strategie. Lo faceva anche con Rita e sapeva tutto di lei: i minimi dettagli del lavoro che svolgeva all'Enel, i suoi cattivi rapporti con il padre, quelli con la sorella. Sempre pronto a guidarla nel migliore dei modi.

Un campione di intelligenza emotiva: è questo che Mario Parenti pensa di sé stesso.

Per stasera ha ricevuto un invito al circolo degli italiani, che a lui sembra una situazione tanto America anni '30 o Africa coloniale. Il nonno di Rita era stato colono in Somalia. Lo pensa mentre si fa il nodo alla cravatta. Ha scelto quella di seta color glicine, era stata il dono di lei per il loro primo anniversario.

"È banale," gli aveva detto porgendogli il pacchetto "perciò te la regalo. Tanto niente tra noi può esserlo."

La loro storia lei la considerava un miracolo. Due persone che si compenetrano fino a diventare una, scambiandosi pensieri, qualità e sesso. Pictor e Vittoria della *Favola d'amore* di Hesse. Quando alla fine del libro erano diventati Pictoria, lei gli aveva detto sicura: "Come noi." Una favola. E lei gliel'aveva letta dopo il quarto orgasmo, in un venerdì inondato dal sole. Sfinita, sudata, sorridente e bellissima.

Mario disfa il nodo, non è venuto bene. Ne ha fatti a migliaia, ha indossato giacca e cravatta per una vita. Comincia a innervosirsi. Sua moglie nel pomeriggio è andata dal parrucchiere e dalla manicure. A farsi bella, ha detto. La sente canticchiare fasciata in una gonna di seta che la rende meno grassa. Lei è molto felice di essere lì.

"E io che credevo avessi un'altra e che il nostro matrimonio fosse finito, poi invece mi hai detto che saremmo venuti a stare qui" gli aveva sussurrato la sera in cui erano arrivati.

Le aveva sorriso, esausto. D'altra parte sua moglie aveva sempre capito poco della sua personalità, non si meravigliava. Quel cambiamento per lui era stato come subire un'anestesia totale e lei lo aveva scambiato per un ritorno di amore. La loro casa era già pronta, l'avevano ammobiliata direttamente dall'Italia, era bastato un viaggio a Pasqua per controllare che tutto fosse proprio come desideravano. C'erano andati ad abitare senza fatica, niente a che vedere con un trasloco all'italiana.

La prima notte lei aveva allungato una mano e lui l'aveva lasciata giocare con il suo sesso svogliato. Ci avevano provato, non ne era venuto fuori niente di decente, due movimenti e si era afflosciato. A lei non importava. Per Irene il sesso non era mai stato una priorità, lo aveva sempre pensato come un'esigenza di lui, una specie di fissazione un po' bestiale.

"Fare si può fare" gli diceva. "Se serve, ma per me non è fondamentale. D'accordo una volta, d'accordo due. Poi basta, datti una calmata. Sono stanca, mi si arrossa, ho le mie cose, sono nervosa, i ragazzi ci sentono. Ho altro a cui pensare."

A Mario invece il sesso piace moltissimo, gli piace con le donne. Gli piace anche da solo. E con Rita – maledetta lei – era tutto diverso.

Irene ora è felice e tranquilla, sa che quaggiù nessuna lo verrà a cercare. A lui pare di leggerle nel pensiero: *quella* che lo rendeva irascibile, smanioso di arrivare al venerdì, sempre dedicato a fantomatiche riunioni, *quella* ora non c'è più. L'ambiente ristretto le permetterà di tenere tutto sotto controllo. All'inizio forse annuserà le camicie e cercherà tracce di rossetto e fondotinta, come faceva nei primi anni di matrimonio, quando lui era uno schianto. Non si sa mai. Lo farà per riavere tutta la sicurezza che le serve e che aveva perduto. Poi lascerà correre. Troppa fatica, e a lei la fatica non piace.

A Roma Mario era un cane sciolto, l'assicuratore belloccio a caccia di clienti. Il consulente che il venerdì sparisce e che quando torna riporta a casa un'ombra. Qui sta su un'isola, dove vuoi che vada.

Alla cena degli italiani di merda, vado.

E anche questo tentativo è disfatto con uno strattone e una bestemmia.

Porcoddio, alla cena degli italiani di merda.

Adesso Mario è un fascio di nervi. Irene tutta allegra dall'altra stanza gli chiede quanto gli manca.

Che cazzo ne so, quanto mi manca.

Pensa al culo di Rita per la quinta volta e ripete il nodo.

5

Del giorno in cui ha lasciato la sua amante Mario Parenti ricorda bene solo un suono, un mugolio come quello dei cantanti che eseguono un brano a bocca chiusa. Un rumore basso, di gola, un diapason di dolore simile alla preghiera degli sciamani che aveva ascoltato in un documentario del National Geographic.

Rita urlava da dentro senza riuscire a piangere né ad articolare una frase compiuta. Solo disperazione. Gli pare fosse seguita anche una rapida spiegazione, arrivata dopo che lei aveva già capito – dalla sua espressione, dal pacchetto che le aveva messo sul tavolo, dalle lacrime che non era riuscito a trattenere – e il viso di lei aveva preso a squagliarsi. I capelli erano diventati tutt'uno con la pelle.

Subito lui aveva pensato a Burri, al Vinavil, alla plastica bruciata, ai colori puri, un nero nero e un rosso rosso. Quasi brutta. Non l'aveva consolata, né aveva cercato di abbracciarla o di rispondere a qualcosa che lei aveva, infine, urlato. Adesso non ricorda le sue parole, non gli sembra di riuscirci, non vuole. Lei gli aveva fatto orrore. Sa solo di essere scappato.

Non gli viene in mente altro, anche se sono passati appena pochi mesi. Forse non c'è niente da ricordare. Aveva organizzato ogni passaggio e quella era l'ultima incombenza. Quando si parte, sul finale resta sempre un dettaglio da sistemare e di solito è una cosa importante: chiudere il rubinetto centrale dell'acqua, spegnere lo standby del televisore, abbassare le tapparelle e magari farne restare una un poco alzata, quanto basti a dare luce alle piante. Intanto ci sono le valigie pronte vicino alla porta e bisogna sbrigarsi e svolgere tutto nel migliore dei modi.

Troncare la relazione con Rita era stata quell'ultima cosa da fare, dopo averle nascosto i preparativi in atto per un anno, durante il quale la vita era continuata come sempre: lei andava a lavorare, cucinava ogni giovedì sera il pranzo che avrebbero mangiato il giorno successivo; e il fine settimana poi sistemava bene la casa, lavava e stirava, ancora un po' lieta perché continuava a sentire il suo profumo nell'aria e nel letto: così gli diceva. Leggeva, usciva con le amiche. E mentre faceva cose qualsiasi dal sabato al giovedì, nell'attesa che li divideva e li teneva uniti ormai da dieci anni, lui stava progettando di fuggire da lei.

Non si considerava un bugiardo. Pensava piuttosto al proprio silenzio come a un atto d'amore. Una sospensione, la possibilità di cambiare idea e di restare. Volendo, avrebbe potuto tirarsi indietro anche all'ultimo momento e inventare per sua moglie una scusa banale: l'insuperabile nostalgia per l'Italia, i ragazzi non ancora del tutto autonomi, una ripresa improvvisa del lavoro. Avrebbe potuto dire a Irene di essere un vile, di non farcela più a partire. Una menzogna sulla menzogna e il rapporto con Rita sarebbe stato salvo. Se lui non glielo avesse detto, lei non sarebbe mai venuta a saperlo.

Aveva quindi cercato di pensare a quella decisione quasi si trattasse di un sogno da cui potersi destare. Nascondeva in cantina una bomba atomica e faceva l'indifferente, un giorno dopo l'altro. In fondo non era detto che scoppiasse. Eppure era lui che prendeva contatti con gli italiani a Lanzarote, si era addirittura già fatto qualche amico online. Lui che chiamava la ditta dei traslochi e dava ordini ai muratori per la tinteggiatura della casa. Era lui, eppure non era davvero lui. Fino all'ultimo momento si era sentito il protagonista di una storiella, una barzelletta che avrebbe potuto concludersi con una risata.

6

A Rita piaceva rigirare l'anello che portava all'anulare sinistro. Mario glielo aveva regalato molti anni prima, quasi all'inizio della loro storia. Lo avevano comprato insieme a una bancarella del mercato rionale, una domenica che si erano incontrati per andare alla fiera del libro, quando era ancora al Palazzo dei Congressi.

Sapevano che sarebbero stati uno accanto all'altra per tutto il giorno. Non accadeva mai la domenica, era stato un inatteso colpo di fortuna: Irene era andata dai suoi, lui aveva finto i primi sintomi di un'influenza.

I loro corpi avevano così potuto sfiorarsi nei corridoi percorsi da centinaia di persone, le mani accarezzarsi sulle copertine dei libri che si erano fermati a guardare. Vicini durante le presentazioni, quella di lei era scivolata dentro quella di lui, appoggiandosi distratta al lato interno della sedia. E si erano massaggiati, il pollice nel palmo, a turno, fino a sfinirsi dal desiderio. Poi, a un certo punto, guardandosi negli occhi avevano deciso che quello era il momento giusto.

Ti voglio subito.

Via, alla svelta. Presa la metro, erano corsi a casa di lei, eccitati e felici per il gioco crudele ma indispensabile dell'essere rimasti, in pubblico, vicini ma non troppo. Entrambi lettori accaniti, la fiera era la loro manifestazione preferita e l'avevano frequentata per anni, in contemporanea e separati. Quella volta, invece, finalmente insieme. Più libri più liberi, era proprio ciò che avrebbero voluto anche per loro stessi: una grande biblioteca in comune e la libertà di amarsi alla luce del sole.

Prima di entrare lui le aveva dato quel piccolo dono, il simbolo di un percorso senza fine come il sentimento che provava allora. Mentre con un gesto veloce glielo infilava al dito, le aveva spiegato: "Mi piace pensare che tra poco vedrò il mio anello sulla tua mano che apre un libro."

E lei si era commossa.

Ecco il motivo per cui Rita, aspettandolo, sfogava il tormento toccando la pietra celeste e quadrata, rimedio a qualsiasi cruccio, pensiero negativo o contrattempo che li riguardava. Lui era in ritardo e lei aveva cominciato a far girare l'anello sul dito.

A Roma una cosa come questa succede spesso. È normale, può dipendere dalla pioggia, dalla metro, dalle manifestazioni, dai vigili urbani e dai sampietrini.

Si rabbuiava.

Prendi una buca, sbandi, l'auto accanto non ti vede. Anche se hai il casco, finisce male lo stesso.

Vedeva il corpo di lui sfracellato accanto al marciapiede. Ma che si metteva a pensare? Mario l'ammoniva sempre di non farsi film. La conosceva, sapeva che immaginava cose terribili, che si preoccupava per niente.

"Mai una volta che tu mi pensi mentre vinco al Superenalotto" la sfotteva, mentre lo rimproverava che almeno un messaggio lo avrebbe potuto mandare, che cavolo. Poi lui l'abbracciava e soffocava quei rimproveri nel patchouli.

Mario nel 1977 aveva venti anni, Rita andava alle scuole elementari. Lui ascoltava Frank Zappa, lei vedeva in tv lo Zecchino d'Oro. Non aveva mai smesso di usare il profumo della sua gioventù e per imparare a conoscerlo meglio lei lo respirava, affondando il naso nella sua carne, dentro la clavicola, sul collo, dietro l'orecchio, cercando di recuperare così il tempo perduto, quello in cui lei ancora non c'era e non lo conosceva.

Rita era strana. Alcuni odori riuscivano a cambiarle l'umore in un attimo, precipitandola dalla felicità al disgusto. Lui le diceva che non era normale, poi l'abbracciava strettissima. Le piaceva il profumo del lucido da scarpe, quello nelle scatoline tonde di latta che comprava solo per annusarle. L'ammoniaca le causava invece una specie di svenimento, anche quella minima del sudore e delle urine, tanto che quando faceva pipì per sicurezza si tappava il naso. A suo nonno accadeva con i disinfettanti: durante un attacco di peritonite lo avevano dovuto sedare per fargli varcare la soglia dell'ospedale, e per quello stesso motivo aveva mancato di visitare la moglie subito dopo il parto, creando un terremoto familiare. Ne era nato prima uno psicodramma e poi una ridanciana leggenda per i posteri.

Anche suo nonno era strano.

Per Rita la felicità un tempo era stata il patchouli di Mario. L'uomo che l'aveva presa senza avere intenzione di portarla in nessun luogo, quello che amava e detestava in misura uguale, ma di cui non poteva fare a meno. Dentro di lui – e nonostante il suo comportamento cinico, evasivo e poco attento – lei aveva visto qualcosa di luminoso, la risoluzione di ogni dolore. Con il tempo quella luce si era cristallizzata nella perfezione irreale dei loro venerdì, nella sospensione di qualsiasi progetto, nell'abdicazione a tutte le aspirazioni. Quando lo respirava, provava un miscuglio di gioia e amarezza, sentendosi nello stesso momento abbracciata e sola al mondo.

Lo aveva accettato perché era una donna lieve e combattiva, che stava sempre in mezzo a tanti programmi, e le era sembrato che lui potesse contenerli tutti. Lui aveva voluto conoscere i suoi dolori, i motivi di orgoglio. Ma anche così non si era subito saziato. Doveva capire se poteva fidarsi e arrendersi, almeno per un giorno alla settimana. Solo di venerdì ma per sempre: così le aveva detto. E lei, tanto riservata con tutti, con le amiche e perfino con la sorella; lei, che aveva messo tra sé e il mondo una barriera di sorrisi e silenzio, si era subito lasciata andare, sentendosi accolta come mai le era accaduto e decidendo che un tesoro del genere non lo avrebbe mai diviso con nessuno.

Era arrivata la gelosia, del passato oltre che del presente. Lui l'aveva ingigantita con aneddoti e confronti. Avrebbe voluto essere stata lei a baciarlo da bambino nella cantina di casa in Umbria, durante le vacanze estive, lei la prima con cui lui aveva goduto. Addormentandosi fantasticava sulle sue fidanzatine, sulle avventure che le aveva puntualmente raccontato, ridendo della gelosia che le cambiava i tratti del volto. Era come leggere una fiaba in cui il cuore della bambina protagonista veniva strappato. Poi si addormentava e al risveglio non era vero niente.

"Sei esagerata. Hai frainteso."

Rita era gelosa soprattutto di Irene.

"Il nostro matrimonio è in crisi ma è la madre dei miei figli, mi fa pena. Solo abitudine, un rapporto finito da anni."

Mario inanellava frasi minime e lei doveva lottare con sé stessa, ogni giorno, per non curiosare sui loro profili, per non cercare segnali di un residuo d'amore coniugale, per non spiare le foto dei figli. Grazie a Facebook, aveva visto in tempo reale il mazzo di fiori che lui le aveva regalato per l'ultimo compleanno. Aveva pianto fino allo sfinimento, poi in qualche modo era riuscita a farsela passare prima di rivederlo.

L'invenzione dei social era avvenuta poco dopo l'inizio della loro storia, avevano aperto i loro profili a distanza di qualche mese. Centoventisei amici sconosciuti in comune. A volte la consapevolezza del massacro che si autoinfliggeva la teneva lontana dal web per alcuni giorni ma poi ricominciava. Poteva spiare quella donna dall'espressione mansueta che niente sapeva di lei, e che grazie al suo silenzio continuava a scartare tranquilla i regali a Natale e a ricevere rose per il compleanno.

Tra poco Mario sarebbe arrivato, adesso le sembrava di vederlo mentre viaggiava sullo scooter, con il casco allacciato bene e nessuna macchina che lo sfiorava. Avrebbe salito i gradini a due a due, si sarebbe fermato a metà scale a riprendere fiato. Forse avrebbe incontrato la vicina, salutandola con un cenno della testa e un sorriso. La donna avrebbe seguito il suo esempio e ricambiato il saluto con disappunto, stringendo le labbra.

All'inizio della loro relazione l'anziana signora quando lo vedeva si girava di là, lo aveva capito subito che era sposato. Aveva notato che entrava a casa di Rita al mattino e usciva la sera, sempre e solo di venerdì. Per due volte aveva cercato di dirle qualcosa sull'argomento ma ogni attacco del discorso si era rivelato sbagliato.

"Mia cara ragazza" era stato il primo.

A cui Rita aveva fatto seguire uno scatto fulmineo della mano nella borsa in cerca del cellulare. A gesti aveva comunicato alla donna che era spiacente ma il dialogo finiva lì, stava arrivando una telefonata importante e doveva scappare. Cosa poteva volere da lei quella vecchia con cui scambiava solo saluti di circostanza a mezze scale?

Il secondo tentativo aveva avuto un esito anche peggiore, visto che la vicina aveva cominciato chiedendole perché il venerdì non andasse a lavorare.

"È strano" aveva aggiunto.

"Non è strano, signora. È il mio giorno libero" era stata la risposta a cui Rita non aveva lasciato il tempo di una replica. Voltando le spalle era andata via, senza nemmeno troppa fretta.

E la vicina era rimasta sola sul pianerottolo. Le aveva tenuto il broncio per qualche mese, diventando scura in volto quando la incontrava. Poi le era passata.

I gemiti di Rita e Mario, dall'altro lato della parete, non avevano certo contribuito a rasserenarla. Per dissuaderli, aveva perfino messo la propria musica preferita a tutto volume, come un rimprovero imperioso: opera contro orgasmo.

Quella falsa gioventù la intristiva, la imbarazzava, la infastidiva. Si fosse trattato di due ragazzi avrebbe capito, forse. Ma non c'era stato niente da fare, anzi, aveva pure peggiorato la situazione, le era sembrato che le urla di piacere si facessero più alte. Forse la lirica li eccitava.

Poi un giorno Rita aveva deciso di chiudere la faccenda e aveva preso l'iniziativa. Non era abituata a subire il giudizio degli altri senza replicare. Aveva combattuto contro tanti soprusi, non poteva accettare che quella vecchia le puntasse il dito contro. Ogni volta che la incrociava il sangue le ribolliva.

"Signora Monaci," l'aveva fermata davanti alla terrazza condominiale "io lo so che a lei dà fastidio il mio modo di vivere. Che mi giudica."

"Ma no" le aveva risposto l'altra sorridendo. "No, no. È solo che mi dispiace per te." Sul volto l'anziana aveva un'espressione mortificata e timida, era perfino arrossita sotto alla cipria.

Rita era sbiancata. Dispiacersi: il verbo perfetto per un amore che non riesce a trovare la sua strada. Pensò al dolore dei giorni di Natale e di tutte quelle che Mario definiva 'ricorrenze del cazzo'. Giorni da sola con la compagnia del cane e di WhatsApp. Oppure a casa di sua sorella. Lei era la zia single che i bambini amavano tanto. *Chissà perché è sola*, se lo chiedono tutti. *Eppure è così carina. Eppure è simpatica. Non le manca niente.*

Il suo era un amore disgraziato al punto da provocare dolore anche in una sconosciuta che lo vedeva scivolare per le scale solo una volta alla settimana.

“Anche io sono dispiaciuta, signora Monaci. Mi creda.”

Si erano guardate in modo intenso e pareva un momento interminabile, in cui, non si sapeva come, Rita era riuscita a tenere le lacrime in equilibrio proprio sul bordo dell’occhio. Quella piccola barriera doveva essere fatta di un materiale straordinario ed elastico.

Era un giorno luminoso. Le piante nel corridoio avevano le foglie così verdi che sembravano dipinte a spray e nell’aria c’era un rassicurante odore di brodo. Riusciva a ricordare a Rita un passato lontanissimo, in cui la bisnonna ai fornelli rivolgeva il suo sorriso sdentato alla ricchezza del bendidio nella pentola. Per lei, che le passava vicino correndo, aveva sempre una carezza sulla testa. Anche a distanza di anni un momento come quello poteva restare nella memoria, netto, definito e speciale. Scolpito, adatto per rimanere eterno. Fermo immagine di una pellicola che su quel fotogramma terminava la propria corsa.

Invece non era durato niente, le lacrime di Rita erano subito tornate indietro, il film era ripartito. Le due donne avevano ripreso la vita di sempre e a contare i giorni che passavano, ognuna sul proprio calendario. Uno aveva giorni tutti uguali. L’altro era fatto soltanto di venerdì.

Rita aveva finito di girare l’anello per l’ennesima volta quando sentì la porta aprirsi. Si rilassò di colpo, il diaframma le si allentò, la respirazione tornò regolare. Un leggero rossore di piacere rese il suo viso più giovane. Cancellò il pensiero di ognuno dei piccoli o grandi contrattempi che avrebbero potuto tenere lontano da lei il suo uomo.

Mario.

La spalla tonda, il naso forte, quasi tagliato sulla punta, su quel viso da bambino che rideva e diventava insieme triste a partire dai piccoli occhi, crudeli e azzurri. Il mento e la fossetta. Lui e la sua fissazione per la depilazione, Rita la considerava una cosa terribile per un uomo ma non aveva mai trovato il coraggio di dirglielo. Anche con lei aveva insistito, con dolcezza.

"Una bambina," le aveva detto la prima volta "fallo anche tu, ti voglio liscia come una bambina. Per essere uguali. Per baciarti meglio. Per mangiarti meglio." E adesso il lupo stava arrivando.

Cominciò a sorridere da dentro. Quando piangeva o rideva, il movimento iniziava dall'interno. Sentiva un calore in mezzo alla pancia che la bloccava per qualche secondo, prima che il viso potesse adattarsi alla circostanza ed esplodere. Dolore e piacere nel suo corpo non erano mai distanti.

Pregustò il momento in cui lo avrebbe visto affacciarsi in cucina. Era un uomo bello. A lei non veniva mai da pensare: è *ancora* bello. Anche se era quasi un vecchio, l'età con la sua bellezza non aveva niente a che vedere, come se lui avesse un segreto negato alla maggior parte delle persone.

Quando si erano conosciuti aveva cinquanta anni, ora quasi sessanta, lo aveva visto cambiare. Questo era per lei motivo di soddisfazione. Niente di lui riusciva ad arrivarle al cervello in modo obiettivo: lo guardava e c'era una sola parola che le veniva in mente. Provava nei suoi confronti un senso di familiarità così intenso che all'inizio l'aveva quasi stranita.

La prima volta che era andato da lei si era spogliato tutto, aveva appoggiato gli abiti sul divano e l'aveva guardata sorridendo. Un uomo nudo, quasi uno sconosciuto, lo stesso che al primo appuntamento le aveva baciato le mani come un gentiluomo dell'800, dichiarandosi timido, adesso stava vicino alla porta di ingresso, il sesso bene eretto.

Dal caffè preso in libreria erano passati solo venti giorni. Con il volto in fiamme, Rita lo aveva guardato cercando di mirare agli occhi o al torace, e a niente che fosse sotto alla cintura.

In quel momento lo aveva disprezzato. Aveva pensato molte cose tutte insieme. Di essere inadeguata. E poi che un uomo così doveva essere un farabutto, abituato a qualsiasi promiscuità.

Però lo aveva accettato, e quando poi le era entrato dentro lui aveva dato senso a concetti fino a quel momento astratti. Essere bella. La fine del dolore, di ogni dolore. Non era soltanto un essere umano ma un luogo di totale sicurezza, ed era diventato di colpo tutto il suo mondo.

Non riusciva a pensarlo come sposato con un'altra. Non ce l'aveva mai fatta, negando l'evidenza. Le apparteneva, come in certi romanzi banali. Una sicurezza assurda nella sua stupidità, perciò non poteva dividerla con nessuno, né con le amiche né con sua sorella. Si vergognava di sé stessa. Un segreto che forse la vicina aveva intuito e giudicato follia.

No, Mario non era sposato. Non dormiva con Irene. Per motivi incomprensibili, viveva in un'altra casa ma le era di certo fedele. Riusciva a crederci, fino a quando i tarli non ricominciavano a mangiarle il cuore.

Come poteva portare a pranzo fuori un'altra donna? Organizzare ferie? Decidere che cosa comprare al supermercato: meglio prosciutto cotto o crudo? 'La moglie di Mario Parenti' era per Rita un concetto impossibile da realizzare. Le sembrava un grande fraintendimento, un errore di distrazione a cui lui, prima o poi, avrebbe certo posto rimedio. Qualcosa di talmente assurdo da non poterlo nemmeno concepire. Dal giorno del loro incontro in libreria, visto che era da solo, lui si era cristallizzato nella sua mente come uomo libero.

Durante il reading aveva iniziato a guardarla e un attimo prima che la lettura finisse, tra l'ultima parola e l'inizio degli applausi, si era avvicinato, presentandosi e tendendole la mano. Le aveva chiesto se per caso non fosse umbra.

"In che senso?" gli aveva risposto.

"Nel senso che io sono nato in Umbria e secondo me anche lei. Ci conosciamo?"

"Non mi sembra."

"A me pare di sì, invece" aveva insistito. "E un caffè non si può rifiutare. Qui c'è l'angolo bar, venga, le ruberò solo un minuto."

Perché fosse stato così ostinato, in seguito glielo chiese ma lui neanche fu capace di spiegarglielo; salvo borbottare, un po' imbarazzato, che quello era stato un impulso irresistibile.

Così, al primo appuntamento, appena arrivato con un regalo impacchettato in carta gialla, mentre lei gli prendeva un bicchiere d'acqua in cucina, lui in sala si era spogliato rimanendo completamente nudo.

Le si stava consegnando senza difese, aveva spiegato poi. Lei lo aveva guardato senza capire, dovendo decidere se accettarlo oppure buttargli in faccia il bicchiere e dirgli: "Vattene, forza, subito. Vattene." C'era una voce che le gridava di stare attenta. Si sentiva a disagio, sola in casa con uno sconosciuto che avrebbe potuto anche farle del male. Non era eccitante, non era romantico, era solo triste.

Però poi Mario aveva cominciato a scappare inseguito da Haruki. E guardandolo correre in tondo con il cane, tra risate e guaiti, nudo e indifeso, buffo e quasi brutto nella sua goffaggine, lei aveva sentito esplodere quella cosa nella pancia. Era una sensazione che non poteva controllare, perciò ci era andata a letto subito. E quell'uomo l'aveva portata in un luogo che Rita non credeva esistesse. Un posto al cui nome non era riuscita a dare un senso, nemmeno quando aveva acceso un mutuo ventennale.

Per la prima volta nella vita, ferma in mezzo al salotto, immobile sul tappeto persiano ereditato da sua madre, dopo l'amore, mentre lui si rivestiva per andarsene, aveva compreso, guardandolo, il significato della parola *casa*.

7

Mi piace quando arriva e non dice niente. Può essere un buon segno. Dipende dalla piega che ha in mezzo alle sopracciglia ma soprattutto dall'espressione degli occhi. Se entra e sta zitto vuol dire che è stanco. O magari che gli sono mancata.

Conoscerlo è la mia specialità, la mia abilità. "Sei la specialista del Parenti" dice lui. Appena entra butta là una frase buffa o a effetto, tanto per rompere il ghiaccio. Poi mi abbraccia e magari mi porge un regalo. Soprattutto libri, ma il primo dono invece è stato una crema per il corpo, fresca e al profumo di agrumi come piace a me. La tengo sopra alla vasca da bagno ma non la uso quasi più perché non voglio che finisca. È la mia clessidra e non voglio che termini la sabbia. È termometro, barometro, misuratore di felicità. La guardo e mi dico che, se saprò centellinarla, non si esaurirà mai. E non accadrà nemmeno al resto.

Dopo tutto questo tempo il mio amore per lui dovrebbe essersi acquietato, o almeno rassegnato, e aver preso un'altra forma. Ormai sono un'amante storica e dovrei nuotare in acque tranquille come fanno le trote nella Peschiera di Santa Fiora. Grassa e placida, indisturbata e serena in mezzo alle briciole di pane, con i cigni che passano sul pelo dell'acqua e ogni tanto mi tolgono la luce.

Anche io e Mario ci nutriamo di briciole: gli scarti di settimana, i minuti rubati, le lunghe telefonate mentre guida per andare in ufficio. C'è sempre qualcosa che mi passa sopra la testa e oscura quei momenti. È la profonda solitudine che sento, peggiore di come la proverei se fossi sola per davvero. Ogni piccolo boccone con cui fingerò di saziarmi sarà il veleno da cui dovrò disintossicarmi per arrivare a quello successivo. Lo sento indispensabile e so che è letale. Non riesco a calmarmi, a trovare un equilibrio, se Mario non si calma per primo. Lui però non ci pensa proprio. Vuole sapere dove sono, con chi sono, che cosa sto facendo. Per ridere insieme, commentare la politica. Per vivere insieme, dice lui, anche se non è vero. Ha il passo del maratoneta, penso soddisfatta. Intanto, la mia soddisfazione mi disgusta. Sono felice e infelice. Sono arrabbiata con me stessa, invece che con lui. Sono complice della mia disperazione. Sono una stronza.

Decido di rompere il silenzio e mi affaccio in sala.

"Ciao, tesoro."

Il modo che ha di guardarmi è bello. Non vedendomi tutti i giorni, da qualche parte riesce forse a mantenere un po' di meraviglia. Credo la tenga in un piccolo posto. La penso sistemata dietro al nervo ottico, la sua scatola dello stupore. Simile a quella di metallo in cui tiene le pasticche. Rosse per la pressione. Bianche non ricordo. Gialle trasparenti gli omega 3. Ha una vera fissazione per qualsiasi integratore prometta giovinezza e vigore.

Non sarebbe lo stesso se le cose tra noi fossero andate come dovevano andare. Come io volevo che andassero. Se i suoi figli fossero stati i nostri. Mi consolo con pensieri che vanno al contrario dei miei desideri. Se avessimo vissuto insieme, forse ora non mi guarderebbe così, con tutta questa voglia. Non mi vedrebbe proprio, come fa con Irene. Già, ma come fa con Irene? Ecco, la consolazione non mi riesce mai. Mi asciugo le mani con lo strofinaccio. Gli sorrido. Sono così felice, vorrei dire. Anche se non è vero. E sto per lanciarmi contro di lui, la mia guancia sulla sua camicia, il mio naso dietro il suo orecchio, in cerca del patchouli. Mi fermo perché lui non si è tolto la giacca. Resta fermo, immobile e rigido. Ha posato il suo mazzo delle chiavi di casa sul tavolo ma lontano da sé, nel mezzo, a una distanza innaturale. Non guarda me ma il salotto, i mobili, i ninnoli, la foto mia con Haruki che prova ad afferrare il guinzaglio. Non cerca i miei occhi. Dov'è la sua frase a effetto? Ora mi dirà che ha visto per strada una nera con un culo stratosferico ma non quanto il mio. Magari che l'ha fotografata per mostrarmela. Oppure che mi pensa sempre, anche quando è sul cesso. Proverò a scherzare, a essere lieve. Amore, i cessi siamo noi, gli risponderò. Che vuoi farci, abbiamo centodieci anni in due. Invece non dico niente e lo osservo, cercando di catturarne lo sguardo.

Quando ci riesco, vedo che il suo volto si contorce in una smorfia.

Mario, senza dire una parola, aveva posato sul tavolo un pacchetto dalla forma inequivocabile.

Rita aveva abbozzato un sorriso che subito si era spento. Quell'espressione se l'aspettava da dieci anni. Anzi, nove. Durante i primi dodici mesi aveva pensato che sarebbe accaduto l'impossibile. Lui avrebbe lasciato la moglie e loro sarebbero stati per sempre felici insieme. Quando poi la speranza si era rimpicciolita, fino a diventare invisibile, aveva capito che l'unica alternativa possibile sarebbe stata la fine della loro storia, prima o poi, per un motivo qualsiasi. Potendo scegliere, avrebbe preferito accadesse per la morte di uno dei due. E fine del venerdì, del pranzo, del sesso, dei film, dei libri. Dei sorrisi, dell'amicizia, dei pianti. Fine di tutto. Fine della gelosia, dei controlli. Fine del limbo. Uno dei due avrebbe mollato la presa, ce li avrebbe costretti la vita. Ma non così.

Mentre crollava il soffitto e le pareti si sbriciolavano, aveva scartato il pacchetto, accarezzato la copertina blu del libro. Voleva dare al cervello il tempo di produrre qualche pensiero.

Le nostre anime di notte. *Che bello. È il tuo ultimo regalo? Devo fare tutto io? Devo concludere che mi stai lasciando?*

Era quello che immaginava di dirgli, però non riusciva a parlare. Le veniva fuori un suono strano, rauco. Come se una mano le stringesse forte la gola.

Lui si era passato una mano sulla testa, tra i radi capelli. Si era fermato nel punto in cui lei di solito gli baciava la tempia, dove c'era uno spazio minimo e prezioso tra l'occhio e la basetta. Mentre con le dita lo sfiorava, pensava che quel modo di baciare non lo avrebbe mai potuto dimenticare. Forse era ancora in tempo per fermare quell'assurdità. Poteva abbracciarla e dirle: "Scema ma che ti metti a pensare?" Poteva ribaltare la loro vita, lasciare Irene e andare con lei a Lanzarote. 'Fanculo i figli, gli amici, i parenti, i soldi prestati dal suocero, i conti bancari in comune, l'auto, la casa. 'Fanculo tutto. Rita era il suo amore e lui stava per lasciarla: questo non aveva senso. O forse sì, visto che si sentiva un uomo in trappola. Un senso ce l'aveva e si chiamava sopravvivenza. E allora glielo aveva detto.

"Rita, io me ne devo andare. Tu non sai quale sia esattamente la mia situazione economica. Questa vita non mi piace, non mi è mai piaciuta. E da quando ci sei tu mi piace anche di meno. Le cose che avrei voluto darti, viaggi, bei vestiti. Tutte quelle che non ti ho dato e che tra poco non potrei dare più a nessuno, neanche alla mia famiglia. Cristo, io ho dei figli a cui pensare!"

Rita lo fissava. Se fosse riuscita ad articolare qualche parola gli avrebbe detto che quel discorso lo avevano fatto molte volte. E che lei non gli aveva mai chiesto niente, non voleva nessuna delle cose che aveva appena elencato. Un fine settimana insieme in casa, a mangiare pizza e guardare film, sarebbe già stato sufficiente a renderla felice.

"È un discorso che non abbiamo mai portato alle estreme conseguenze" aveva aggiunto lui.

Adesso lo fissava con odio e ancora mugolava.

Dimmelo, allora. Dimmi quali sarebbero queste estreme conseguenze.

"Mia moglie non lavora. Quando andrò in pensione i soldi non mi basteranno per una vita decente. Tra il fondo della Cassa agenti che ho versato in maniera volontaria e che si è dimezzato per cattiva gestione – mi pare di avertelo detto – e la pensione dell'INPS, andrò a prendere sì e no duemila euro al mese. Con questi soldi in Italia non si vive. Forse in qualche paesino della Sicilia, se mi metto a coltivare l'orto. Ma mi ci vedi? A Roma, non se ne parla. E io ho due figli da mantenere."

E così mi lasci, dicevano gli occhi di lei, increduli, sbarrati su quella scena odiosa.

"Non lascio te, Rita, lascio tutto. Vado via. Me ne vado da questo paese di merda, in cui non c'è spazio per il merito, per la gente onesta, per quelli che come me vanno oltre la mediocrità."

Di nuovo il mugolio riempiva la stanza e sbatteva ovunque, invadendo ogni spazio tra loro.

Si ricordava che una volta glielo aveva detto, quando erano all'inizio della loro storia, che appena possibile se ne sarebbe andato. Le era sembrata una cattiveria così grande. Una cosa senza senso, Mario che faceva piani per un futuro in cui lei non c'era. Perché stavano insieme, allora? Parlava delle Canarie, di partire. Pensava di andare a invecchiare a Lanzarote. Si era sempre chiesta che posto poteva essere quello, con un cazzo di nome così. Lui in seguito non c'era più tornato sopra. Anzi, lo aveva proprio rimosso, perché quando lei un giorno a letto gliene aveva parlato, lui aveva negato di averlo mai detto. Inutile insistere, si sarebbe perfino adombrato. E Rita dopo un po' se ne era dimenticata.

"È qualcosa a cui penso da molto tempo. In effetti si trattava di una specie di sogno, un'idea che andava e veniva, non volevo allarmarti. Gli ultimi due anni però si sono rivelati quasi insostenibili. Ho accumulato una tensione e una rabbia che non credevo potessero stare dentro a un essere umano. Una vita di lavoro che non vale ormai niente. Preparazione, professionalità... zero, queste cose non contano più. Contano i follower, i like sulla pagina dell'agenzia. Ho perso metà della mia clientela. La gente fa tutto da sola, si assicura online. Non sono stato capace di tenere il passo, ho colleghi giovani che girano con il tablet e fanno polizze muovendo le dita su uno schermo. Clausole, garanzie, tutele: zero. Ma alla gente non importa. Tanta scena, tanta improvvisazione. Fanno gli incassi con un POS portatile, mentre io giro ancora con il borsello per i resti. Non è più il mio mondo, questo, Rita, e quello che guadagno copre appena le spese per andare avanti. Con la mia pensione so già che non ci farò niente."

"E io?"

La domanda si era capita attraverso un urlo strozzato. Lui non aveva risposto, era uscito di corsa. Solo allora lei aveva ritrovato la voce. Ed era stato per maledirlo. Aveva gridato oscenità sconnesse mentre lui scendeva svelto le scale. Si era sfilata dal dito l'anello e glielo aveva tirato.

9

E quindi alla fine mi ha lasciata. Se n'è andato. Ho urlato e lui non si è neanche girato.

Sono qui a contemplare una vita che si è ristretta all'improvviso, è implosa e si è svuotata. Guardo il suo ultimo regalo. La carta stracciata sotto al tavolo. Le nostre anime di notte. *Quali, mi chiedo. Quali cazzo di anime in quale cazzo di notte. Bastardo.*

Non gli concedo nessuna attenuante. La paura, l'età. Il fattore economico. Penso a tutte le cose che avremmo potuto avere, e non erano cose. Eravamo noi.

Sei una merda. Parenti, sei una merda maledetta.

Getto il libro attraverso la stanza, finisce da qualche parte incastrato contro il mobile della cucina. Non riesco a piangere. Potrei pensare che il suo non sia un addio definitivo – magari ci ripensa, magari non è vero – invece so che lo è.

Altre volte ci siamo allontanati: quando l'esigenza di averlo solo per me prendeva il sopravvento, gli chiedevo di scegliere. Lui prendeva tempo e mentiva. Allora ero io a scappare e lui mi riagguantava, ma ancora senza decidere. O me o lei: ma non serviva a niente, in fondo era diventato un gioco malvagio. La prima volta siamo stati lontani due mesi. Poi mi ha ripresa con un'email fatta solo dall'oggetto: "È servito a qualcosa?"

No, non serviva, me ne andavo sapendo che sarei tornata appena avesse voluto. Poi mi sono abituata, ero buona e remissiva, e facevo finta di niente. Fuggire da lui mi costava troppo dolore, tornare da lui eccessiva umiliazione. Ho imparato a stare zitta risparmiando energie e le cose sono migliorate. Così, un giorno dopo l'altro, fingendo una tranquillità che non provavo, sono diventata estranea a me stessa. Lui che dormiva con un'altra, quanta ipocrisia. Buongiorno e buonanotte.

Diceva di no.

"No che non le dico buonanotte, ma perché ti fissi su una cosa così ridicola?"

Perché il mio amore era fatto anche di quelle cose minime. E perché sapevo che nemmeno una belva rinuncia alla propria tranquilla routine. Questione di forma.

Buonanotte, cara. Buongiorno, cara.

Cioè buona educazione. Abitudini. Certo che mi ci fissavo: la meraviglia dei piccoli gesti era qualcosa che anche io avevo insieme a lui, ma era tutto e solo nella mia mente. Dentro di me gli auguravo di avere una buona giornata e una notte serena, con il cuscino impregnato ancora del suo patchouli, guardando le nostre immagini. E poi subito dopo scrivevo su WhatsApp. Buonanotte, amore. Buongiorno, amore. Lui entrava e leggeva i messaggi per cancellarli subito.

Giusto, devo sistemare anche le foto. Maledetto.

La prima cornice viene liberata dal contenuto. È quella rotonda che sprofondavo nel cassetto quando veniva qualcuno a trovarmi per difenderlo dagli occhi che avrebbero chiesto spiegazioni.

"Ah, è lui. Cioè quello che mi stai nascondendo da mesi" aveva commentato al telefono l'unica amica a cui avevo cercato di dirlo.

La prima domanda che mi aveva fatto su di lui riguardava lo stato civile. È separato, divorziato, vedovo? Con quanta soddisfazione aveva accolto la mia risposta.

"È sposato."

Al telefono mentre lo dicevo ero diventata rossa.

"Sei l'amante. Chissà se ce la farai a resistere" era stato il commento di Lara. E io ero precipitata nel ghiaccio.

Che imbarazzo finire dentro una categoria. Diventata quella che attendeva di essere amata nei ritagli di tempo, la prigione del luogo comune era ormai confluita in quella della mia vita quotidiana, incastrandosi perfettamente. La mia amica mi aveva trasformata di colpo in qualcuno che non mi sentivo di essere, non ancora. E quindi avevo smesso di frequentarla.

Ecco qui la foto che cercavo: a Nemi, con dietro il lago. Che bello scatto. Ce l'aveva fatta la ragazza del ristorante.

Vai, fila a pezzetti nell'immondizia. Nella carta, però. Ricicliamo anche nella disperazione. Già che ci sono, spezzo in due il portafoto sul pavimento, non provo nemmeno il desiderio di raccogliere i vetri. Anzi, penso di camminarci sopra. Ho bisogno di un dolore che superi quello che provo. Haruki si è nascosto in bagno, come fa quando c'è il temporale. Non mi importa.

Accendo il computer. Mario lo aveva sistemato così bene, con tutti i cavetti raggruppati. Cristo, l'ho coniugato al passato ed è andato via solo da un paio d'ore. No, era stamattina. Adesso che ore sono? È buio. Guardo il PC *con odio, mi manca la forza per buttarlo contro il muro. Vorrei tanto strappare via tutti questi cavetti di merda di cui ignoro la funzione. Invece devo usarlo, mi serve.*

Accedo a Facebook, lo cerco. Facile, è il primo tra i contatti frequenti. Lo blocco. Ho spiato per anni la sua foto accanto alla moglie. Ne avevano una sola insieme, quella ufficiale da coppia affiatata, che lei aveva declinato in tutte le maniere, compreso con la bandiera francese in trasparenza dopo la strage al Bataclan. Lui, sguardo diretto in camera, quasi a sfidare qualcuno. Formale e non particolarmente felice: avevo bisogno di pensarlo così.

Lei, invece, sorridente. Scema. Questo è mio e non me lo tocca nessuno: ecco quello che ero riuscita a decifrare da quegli occhi acquosi e bovini. Il suo profilo era quello di una donna tranquilla: gattini, saluti dagli amici, panorami. Ricette con il Bimby. Niente politica. Niente cinema. Qualche foto di piatti al ristorante. Come poteva aver sposato una così. E poi c'erano gli scatti dei ragazzi, sereni. La laurea del più grande, che bravo. Io in quell'occasione dov'ero? provo a ricordare.

Io c'ero e aspettavo il miracolo. Che un giorno aprendo la porta della loro casa lui si guardasse intorno e pensasse: Che cosa ci sto a fare qui? Il mio posto è con Rita, ciao a tutti. Che un concetto si cristallizzasse nella sua mente: Non posso, non riesco, non voglio più fare a meno di te.

Mi diceva vita mia.

Vita.

Mia.

Ma questo avveniva mentre mi scopava e io prendevo per verità assoluta ogni sua parola.

Non si dovrebbe mentire di fronte all'amore, ci dovrebbe essere una funzione del cervello apposita per non farlo accadere. Dovrebbe annodarsi la lingua e strozzarsi il fiato. E i bugiardi dovrebbero morire tutti. Lui invece mentiva e stava benissimo. Lo ha fatto per dieci anni. E non ero neanche la sua sola amante. Quella siciliana che gli scriveva lettere imploranti. La collega che aveva bisogno del suo sostegno, delle sue attenzioni. Lei le chiamava "carezze psicologiche". L'aveva conosciuta a un congresso del sindacato e non gli si era più staccata di dosso. Alla fine era diventata anche amica di sua moglie, pur di stargli vicino. Così mi raccontava. E poi un giorno di colpo lui era sparito, l'amicizia si era interrotta, aveva smesso anche di risponderle al telefono.

"Ma no, cosa vai a pensare, era solo una storia platonica."

Mi leggeva le sue lettere e rideva di lei.

Mentiva, come sempre. Chissà adesso con chi leggerà le lettere che gli ho scritto io, con chi condividerà i nostri libri. Ripenso a lui che corre nudo per casa inseguito da Haruki. Come ho fatto a fidarmi di uno così?

Mi sommerge l'odio. Lo cancello e lo blocco su qualsiasi social. Instagram. Linkedin, Twitter. I nostri archivi segreti, butto tutto. Apro la posta, via tutte le sue vecchie e-mail. Vaporizzo anni di conversazioni. Messenger. Lo blocco e cancello ogni cosa pure lì. Faccio in modo che non possa più neanche telefonarmi. Butterò la SIM *nel cesso.*

Non potrai trovarmi mai più, stronzo.

Non mi basta. Devo togliere di mezzo le cose più importanti. Ogni suo regalo finisce nella pattumiera. La crema clessidra – vaffanculo –, la preziosa sabbia che non si sarebbe mai esaurita – certo, come no – e scandiva il tempo di un amore che sarebbe durato per sempre, viene svuotata nel lavandino. Via i rossetti, via i profumi. Vaffanculo un'altra volta. Via l'olio per il corpo alla melagrana, glielo avevo comprato a Firenze e come molti miei regali lo aveva lasciato qui.

Come faccio a giustificarli?

Ero riuscita a fargli tenere due paia di calzini, l'ultimo Natale. Blu, anonimi, così si sarebbero confusi nel cassetto con quelli che gli aveva comprato sua moglie. I miei erano marca Gallo: quel nome mi era sembrato anche spiritoso. Adatto al personaggio.

Guardo il fondo di questa storia e non mi riconosco. Dieci anni fa ero una donna come tante, né bella né brutta, ma piuttosto equilibrata e decisa. Piacevole. Un matrimonio fallito, qualche storia lieve, tanti amici. Poi con il tempo mi sono piegata attraverso la privazione. La mancanza di libertà. Lui mi controllava, sempre. Io invece non potevo neanche avere risposta a un messaggio in cui gli chiedevo se pioveva, quando non era il momento.

Stavo per dimenticarmi di WhatsApp. Lo blocco anche lì. Entro nell'archivio delle foto. Via, via tutte. Alcune che non si devono vedere. Che mai avrei creduto di poter fare. Abbracciati e nudi. Il mio culo e il suo sesso. Con lui era tutto così naturale.

Abbandonarsi.

Nuda.

Senza difese.

Perché non piango? Ho gli occhi di vetro come murrine. Colorati, screziati, dentro pare ci siano tante piccole ferite. Credo che esploderanno. La rabbia che in questi anni ho compresso esce fuori: e anche lei è di vetro. Devo togliere tutto di mezzo. Ogni prova della sua esistenza.

Non ho ancora finito. Mancano i libri. I doni preferiti. Li sfilo uno a uno dalla libreria, cominciando dal primo che è Lodoli. In mezzo alle sue pagine c'è un papavero, lo so, me lo ricordo, ma non mi metto a cercarlo. Adesso li butto tutti. Non devo lasciarmi tentare dal contenitore per la raccolta differenziata della carta che ho sul terrazzo. Se li gettassi lì, potrei ripensarci. Infilo le scarpe, ne faccio una bracciata, prendo solo le chiavi e scendo in strada. Si è fatto buio. Il cassonetto apposito è bianco e sudicio. Ce li metto dentro uno alla volta, senza misericordia. Sento Haruki che da casa abbaia forte. Mi chiama, povera stella.

Non ho ancora finito.

Riuscire a fare le faccende in autonomia mi restituisce un po' di fiducia in me stessa. In una mano la stampella, nell'altra la scopa, giro pian piano per casa. Trascorro il tempo, passo lo Swiffer e quando mi vedo nello specchio del corridoio mi sembro uno spaventapasseri.

Non ho voluto un aiuto, tanto sto rinchiusa qui tutto il giorno. Teresa è tornata alla sua vita frenetica ed è felice che io le abbia tolto il mio peso di dosso. Viene ancora un paio di volte alla settimana a portarmi la spesa, entra di corsa seguita dai gemelli, sudati, litigiosi, a volte fangosi per via del rugby, che corrono a baciarmi, uno di qua e uno di là. Intanto Haruki abbaia e sembra tutto un manicomio.

"Ciao, zia. Zia, stai bene? Zia, come stai?"

Orme ovunque, un lampo e sono già usciti tutti e tre. Non ce la faccio a portare pesi, anche se il supermercato non è lontano. Non ho più l'auto e comunque non potrei guidare, ho ancora la gamba rigida.

"Comunque almeno adesso sei gestibile": mia sorella ha detto proprio così.

Per via della mia fissazione per le parole mi chiedo come si possa riferire questo termine a un essere umano invece che a un'azienda. *Gestibile*. La risposta ce l'ho ma preferisco non darmela.

Le mie amiche passano a turno. In realtà con loro non so più di che cosa parlare e allora magari guardiamo un film. L'argomento incidente è stato sviscerato e il verdetto finale, per tutte identico, è stato *casualità*. Forse *distrazione*. Naturalmente non ci credono, ma nessuna se la sente di farmi la domanda fondamentale.

Che ci facevi al Muro Torto, lontanissima da casa tua? A quell'ora di notte e a quella velocità, poi?

Capisco che vorrebbero una risposta, anche a me piacerebbe tanto saperlo. Forse è la curiosità il motivo per cui vengono così di frequente. Monica ha perfino saltato per due volte lo spinning serale. Magari hanno fatto anche un gruppo su WhatsApp chiamandolo *Le amiche di Rita*, tanto per scambiarsi gli ultimi indizi sulla mia scampata tragedia.

Ma davvero sarà stato un incidente? Lo so che hanno questo dubbio.

C'è anche l'argomento amnesia, naturalmente, ma non le riguarda in modo diretto. Sono tutte contente che io mi ricordi benissimo di loro. Per aiutarmi sono andate a ritroso con un certo tatto, Cecilia fino agli anni del liceo, quando mi faceva lo sgambetto mentre andavo alla lavagna. Lei continua a riderne – "Ti ricordi che patata eri? Cascavi sempre" –, io invece continuo a pensare che lei fosse una grandissima stronza. Ma alla fine entrambe ne proviamo nostalgia.

A guardare indietro, tra malattie, incidenti, divorzi e storie andate male, insieme abbiamo fatto le guerre puniche. Tutte, proprio tutte, mi hanno chiesto dell'anello. Trovo che il dito sia rimasto più sottile tra l'attaccatura e la prima falange ma non lo dico.

"Il medio è tutto per il bastardo che ti ci ha infilato un anello e poi è sparito."

Questa finezza l'ha detta ieri Monica, brindando.

Mi domando perché nessuno sappia chi sia quest'uomo. Deve essere stato lui a rubarmi i libri. Che persona è uno che compie un'azione del genere? Certo, potrei ricomprarli. Potrei ma io voglio proprio quelli. I miei libri, i miei libri, i miei libri, che non ricordo nemmeno quando siano stati acquistati.

"Come fai ad averlo cancellato dalla memoria se lo amavi?" mi chiedono sempre.

"Come fate voi a non sapere niente su di lui? Ma che amiche siete?"

"No, che amica sei tu, che ce lo hai tenuto nascosto per chissà quanto, neanche fosse stato un segreto militare. Dài, Ritina, deve essere stato uno sposato."

"Capirai che novità, di questi tempi. Siete proprio geniali."

"Magari era famoso, oltre che sposato."

"Sì, è Brad Pitt, sceme che siete."

"Una foto di lui in casa ce l'avrai, no?"

"Nemmeno per idea. Ho diversi portafoto e sono tutti vuoti. Uno anche spaccato."

Si sono offerte di controllare, hanno frugato volentieri dappertutto, pure sotto al divano. Inutile.

"E il cellulare? Hai controllato WhatsApp?"

"Niente. Nel telefono non c'era più neanche la SIM. Lo sapete bene che ho dovuto cambiare numero."

"Un bigliettino nel portafoglio?"

"No, niente."

"Sulla rubrica interna del telefono?"

"Li ho passati in rassegna e mi ricordo di tutti, nessuno è mai stato il mio amante o fidanzato o niente del genere. Cioè, sì, due. Dario e Claudio. Storie di venti anni fa. E poi il mio ex marito. Lui è indimenticabile."

Ridiamo. Insomma, il tipo dell'anello nessuno l'ha mai visto.

No, esce fuori che Sandra invece una volta lo ha incontrato. Era insieme a me, dice che ci trovavamo nella sua libreria per comprare un romanzo di Striano. E che lui lo voleva nella prima edizione di Avagliano. Sandra ancora se lo ricorda:

Buongustaio, aveva pensato. Purtroppo però ce lo aveva solo nella nuova edizione di Mondadori.

Mi ricordo del libro, è uno di quelli mancanti. Pensavo di averlo comprato io.

Le ho chiesto come fosse lui. Lei mi ha risposto che non lo ricordava bene, visto che era successo anni prima.

"Come sarebbe a dire *anni*?"

Dentro di me non è rimasto nulla, neanche un indizio, un sapore, un odore. Sono sbiancata. L'ho amato per *anni*. L'ho perduto senza sapere come.

"Un tipo alto e ben piazzato. Dall'espressione seria e dal sorriso incantevole. Gentilissimo nei modi. Più grande di te. Un bell'uomo. Hai presente Liam Neeson? Dài, quello di *Schindler's List.* Pelle molto bianca, come quelli rossicci di capelli. Occhi grigio-azzurri, piuttosto freddi."

"Meno male che non te lo ricordavi."

Vorrei avere più dettagli per ricostruirlo, per cercarlo dentro di me. Vorrei chiederle come ero io in quell'occasione, la mia espressione. Se ero felice. Mi manca il coraggio.

"Be', ricordo di aver pensato che fosse uguale a quell'attore. E ho in mente le sue mani, ancora adesso. Erano piccole. Non scordo le mani a cui ho dato un resto, se non lo hanno accettato."

Sorride, credo al pensiero della bella mancia. O forse di me insieme a quell'uomo.

E così da qualche parte c'è un amante di cui non so più niente. Perché non mi sta cercando? Perché non mi chiama? Potrebbe essere morto di dolore quando ha saputo del mio incidente. Una specie di tragedia greca sarebbe coerente con questo mio macello di esistenza, franata all'improvviso per qualche motivo che non so più ricordare.

11

Lanzarote è davvero un posto incredibile.

Mario guarda il Timanfaya.

Poco più di duecento anni prima, le eruzioni vulcaniche hanno fatto alzare colline dove un tempo c'erano pianure e il mondo lì ha cambiato aspetto di colpo. Credeva di amare il mare e invece scopre di preferire quel vulcano così giovane, che ha mutato tutto sull'isola in cui adesso vive. Ad averci pensato, ci sarebbe dovuto arrivare dieci anni prima. Non avrebbe nemmeno conosciuto Rita, non l'avrebbe amata. Non proverebbe questo tormento.

Ogni giorno fa lunghe passeggiate da solo. Sua moglie per fortuna non ne ha voglia e gli restano molte ore da trascorrere con tutti i pensieri a cui prima non riusciva a dedicarsi. Cammina per un tempo non prestabilito, poi si gira e si concede la stessa durata per il ritorno. In realtà a ritroso ci impiega sempre di meno, chissà perché.

Di rado incontra qualcuno. Oggi invece vede da lontano una sagoma e si innervosisce. *Sarà uno spagnolo? Uomo o donna? Sembra un uomo. Magari è un prete. Un prete solitario sulla strada del vulcano: un personaggio da romanzo di Simenon, di quelli che piacevano tanto a lei.*

Ieri ha rimesso nel telefono la vecchia SIM e ha provato a chiamarla, trascorrendo dieci secondi con il cuore in gola, boccheggiando. Tentativo inutile, Rita non era raggiungibile.

Conoscendola avrà buttato il telefono nel Tevere, pur di non farsi trovare.

Chissà cosa è accaduto dopo quel giorno, ogni tanto ci pensa. Ci pensa spesso. Ci pensa quasi di continuo ma lo aveva anche messo in conto: quasi dieci anni non è che si possano cancellare così. Così come?

Come ha fatto lui.

Non ricorda esattamente cosa gli sia capitato quella sera, dopo che l'ha lasciata nella casa che sentiva anche sua, in mezzo alle loro cose. Lei gli aveva urlato dietro: "Maledetto, maledetto che sei, vattene, tanto non mi vedrai più." Qualcosa del genere. Haruki ha paura dei rumori forti, doveva essersi nascosto in bagno, dietro la tazza del cesso, come faceva quando c'era il temporale.

In tasca gli era restato l'anello che le aveva regalato tanti anni prima e che lei non toglieva mai. Non rammentava nemmeno che lo avesse sfilato dal dito o che glielo avesse restituito. Poi si era di colpo ritrovato a letto accanto a Irene, come se ce lo avessero fatto arrivare da un altro pianeta. Da casa di Rita alla propria in un secondo, col teletrasporto. La strada percorsa non riesce a tornargli in mente (era in moto o in auto?). Sa soltanto di aver appena avuto il tempo di sussurrare a sua moglie: "E così domani si parte." Ma lei già dormiva, emettendo dalla bocca uno sbuffo sgraziato. Che cosa prova per Irene, tenerezza o fastidio? Solo ciò che può provare per la moglie un uomo che per colpa sua ha dovuto lasciare la donna che ama. Che amava. Che diceva di amare. Fino al giorno prima di abbandonarla, al messaggio di un'ora prima, alla decisione di andarsene presa un anno prima.

Lui quella notte aveva tenuto gli occhi aperti fintanto che gli era riuscito, poi era stato ingoiato dal buio del rimorso e della paura di aver sbagliato tutto. E dopo, però, c'era stata l'alba delle valigie e della speranza, del taxi fermo ad aspettare, dei saluti ai ragazzi.

"Ciao ciao, pochi pigiama party, mi raccomando, pischelli, non sfasciate niente che noi magari torniamo a controllare. Oh,

Luca, l'università. Studia. Gli esami, ci siamo intesi, eh: occhio agli esami. Insomma, l'anno prossimo la casa dobbiamo consegnarla, fate attenzione. Ci vediamo domani su Skype."

Una parte di sé si era sentita così sollevata per aver lasciato Rita. Via da Roma, dall'ufficio, dall'assillo dei soldi. Via da quella decisione rimandata, attesa, poi dimenticata. "Sei la mia donna, la mia donna per sempre" e invece non era vero. Lasciarla era stato il pedaggio per una nuova vita. E siccome lui è forte, c'è riuscito.

Da niente non viene niente, lo diceva la zia che l'aveva cresciuto. Ecco, questa cosa lui in fondo l'aveva solo spinta alle estreme conseguenze: se non dài tutto in cambio, se non rinunci, non puoi avere quello che vuoi. Perché adesso Mario ha proprio ciò che gli serve e deve esserne contento.

Basta angoscia e basta progettare cose che non possono esistere. La casa in Umbria, come no. A chi era venuto in mente, non ricorda. A lui, forse. Ma Rita aveva subito aggiunto: "Ci vorrei anche un paio di galline. Per le uova."

Su quella che già in partenza sembrava a entrambi una buona idea, Rita aveva immediatamente rilanciato. Le piaceva alzare l'asticella dei sogni. Immaginare vacanze insieme. Perché, poi? Perché tutti quei progetti? Per alimentare in lui l'ansia e farlo sentire un uomo da poco? Quello che non sapeva decidere? Sarebbe stato un suicidio se avesse lasciato Irene e i ragazzi. Come avrebbe fatto a pagarle gli alimenti? I problemi quotidiani vincono sempre, hanno scadenze in modello F24 ogni cazzo di mese dell'anno.

"Buongiorno" dice il signore che da lontano sembrava un prete.

Avrà ottanta anni almeno, cammina dritto portando con fierezza una barba bianca e curata. Ha gli occhi azzurri, e le gambe che escono dai pantaloncini sono prive di vene e ancora muscolose. Somiglia a Hemingway. Lo saluta forse solo per educazione ma il tono di voce è fermo, come a dire che per lui quella conversazione minima è una cosa seria anche se non dovesse proseguire.

"Salve" è la risposta secca di Mario. Non vuole chiacchierare con lui. Per giunta adesso ha scoperto che si tratta di un italiano. Anzi, dall'accento sembrerebbe toscano, magari si crede migliore degli altri perché parla bene senza sforzo. Lui ha sempre sofferto di un complesso di inferiorità a causa dell'accento romanesco, quindi quelli così li detesta. È nato in Umbria ma è cresciuto a Roma, che peccato. Si innervosisce al pensiero della propria inflessione sgraziata, perciò devia un poco dal percorso.

Ed è così che la vede. Appena dietro al vecchio, c'è una donnina piccola e scattante. Magra magra, abbronzatissima, rossetto rosso, unghie laccate, gambe snelle e un fazzoletto di seta annodato tra i capelli corti, pare uscita da una rivista degli anni '50. Mario non la saluta se non con un sorriso, poi gli viene da arrossire e si sente cretino, dunque guarda in terra. Quando alza gli occhi vede l'uomo che lo osserva compiaciuto. Deve essere abituato all'effetto che la sua donna fa sugli altri. È vecchia e bellissima. Lui le offre il braccio e lei ci si aggancia come se andasse a prendere un salvagente di cui, in modo evidente, non ha alcun bisogno. È un gioco. Un gioco solo loro, di cui il resto del mondo non conosce niente e che può solo stare ad ammirare.

Le dice: "Vieni, Sofia, andiamo."

E così continuano, avvinghiati, il braccio nel braccio e le mani intrecciate. Sembra che non si possano staccare.

Mario si mette seduto su un grande sasso che sporge sul sentiero. Li fissa ipnotizzato. Si sente stanco e stupido.

È normale, pensa, mentre li osserva andare via. *È così che succede, quando ti passa vicino l'amore degli altri.*

"Io credo che ci dovresti andare."

"Non vedo perché."

"Per gentilezza. Perché è già venuta almeno tre volte. Perché mentre stavi in ospedale ha sempre domandato di te al portiere, che me lo ha riferito. E quando ha saputo dell'incidente aveva gli occhi rossi, mentre ne parlava e chiedeva informazioni. Si vede che a te ci tiene."

"Sei una rompipalle esagerata. Ma che vuoi che ci tenga, non la conosco nemmeno. Sarà un'impicciona. Non avevamo rapporti prima, non vedo perché cominciare ad averne ora."

Teresa sbuffa e conclude dicendomi di fare come voglio. Guarda l'orologio. Credo stia calcolando l'orario di uscita dalla palestra dei gemelli e lo stia incrociando con il tempo residuo del marito al lavoro. È capace di trasformare tutto in un'equazione. Ama i meccanismi di precisione tanto quanto io amo il caos. Ha già la borsa in mano e la giacca di traverso sul braccio.

"Invece secondo me le dovresti parlare," insiste mentre va via "non si sa mai cosa può venire fuori dalla conversazione con una vicina. Magari è davvero una curiosa, si sa come sono i vecchi. E una ficcanaso adesso potrebbe farti molto comodo per rimettere insieme i pezzi."

Sgrano gli occhi. In certi momenti, pur amandola, non sono sicura di volerle davvero bene. L'amore c'è per via del sangue ma dov'è l'affetto che deriva dalle affinità? Se fossimo nate in famiglie diverse, sono certa che non saremmo mai diventate amiche. La sua efficienza mi provoca l'ansia. E poi non mi viene da confidarmi con lei. Infatti non sa niente di *lui*. Questo non è normale. Non lo è tra sorelle.

Qualche sera fa, a cena, mentre stavamo parlando di un albergo termale che mette a disposizione dei clienti una camera come spogliatoio, lei lo ha definito un posto ideale.

"Certo, per i fidanzati" ho detto io ridendo.

"No, per gli amanti."

L'ho guardata per capire se si stesse rivolgendo a qualcuno in particolare. Cioè se stesse alludendo a me.

"Bella idea, davvero" ha commentato Giovanni sorridente, strizzando l'occhio. "Dovremmo andarci, tesoro. Ha ragione Rita, anche secondo me è adatto ai fidanzati. Quelli come noi."

Allora Teresa ha fatto quello che fa con la mano quando è nervosa, spazzando via di taglio le briciole dalla tovaglia, stizzita, quasi fosse una piccola mossa di karate. E mi ha guardata ribadendo: "È ideale solo per gli amanti. I clandestini, insomma."

Così adesso sulla questione della vicina non voglio darle retta, cioè non vorrei. Ce l'ho ancora con lei per quella battuta cattiva e inutile. Forse si trattava di un esperimento per farmi tornare la memoria. Magari secondo qualche suo calcolo avrei dovuto collegare la parola *amante* con i dati anagrafici del mio fantasma e magari guarire di colpo dall'amnesia. È odiosa questa sua insistenza. Cerco di sorvolare, so di essere troppo sensibile e vulnerabile.

Perciò dopo cinque minuti prendo la stampella, mi liscio la tuta, rifaccio la coda di cavallo cercando di occultare la parte di testa con i capelli ancora in crescita, e finisco dritta a bussare alla porta della vicina, che mi apre e dice: "Oh, cara."

Come se fosse stata lì dietro ad aspettarmi.

Scopro entrando che la sua casa profuma di torta di mele – "Gradisci una fettina?" mi chiede subito –, che è stata una maestra – questo me lo ricordo – e che ama la lirica.

"Ti piace la lirica?"

"Non saprei."

"Secondo me ti piace."

Arrossisco e di nuovo il cuore accelera. Perché?

"Come ti senti adesso?" domanda mentre Madama Butterfly canta disperata.

"Bene, grazie. La gamba duole ancora. E mi dispiace per la cicatrice." Mi tocco la guancia.

"Ah, ma basta un poco di trucco teatrale, sai? Ci sono fondotinta miracolosi. Io ho recitato, sono esperta di questo genere di cose. Se vuoi, posso mostrarti come usarli."

Annuisco e non so più cosa dire, sto dando ascolto soltanto al mio fastidio crescente. Incrocio le mani, le incastro tra le ginocchia e mi guardo intorno. Ci mancava la lezione di trucco.

Restiamo qualche momento in silenzio, imbarazzate. Un sospiro. Di chi? Forse di entrambe. Lei si alza.

"Mi chiamo Dora" dice. Poi esce dalla stanza.

Sarà andata a prendere la teiera, penso. Intanto adocchio la torta di mele già pronta sul tavolo e ne provo un desiderio irresistibile.

"Prendine pure una fetta, cara!" strilla dalla cucina.

Sorvolo sull'ultima irritante parola che ha detto e mi servo, mettendone un pezzo in un piattino dai decori a fiori gialli. La sento che chiacchiera e credo sorrida mentre parla, anche se ha il tono di voce un pochino affannato. Chissà cosa sta almanaccando nella stanza accanto. Dal suono sembra stia prendendo degli oggetti.

Torna alla svelta. Ha tra le braccia alcuni volumi. Li ha portati tutti insieme.

Con le lacrime agli occhi guardo i libri che credevo di aver perduto: Striano, Lodoli, Werfel.

Non ricordo niente della notte in cui sono spariti dalla mia vita. Deve essere stato poco prima dell'incidente.

Ma per me quel giorno non esiste.

13

Mario guarda sua moglie. Non è brutta, il grasso in un certo senso le dona. Il viso è fresco, ha poche rughe e quando ride le vengono le fossette sulle guance.

Resta in lei il ricordo del volto che aveva da giovane. I tratti sono riconoscibili, ha solo perduto il sorriso. Quando la osserva, pensierosa, con i capelli un po' schiacciati sulla parte posteriore del cranio – come se non riuscisse mai a raddrizzarli del tutto dopo il sonno notturno –, la ritrova a stento.

Non gli riesce di dare anche al proprio mutamento lo stesso peso, crede di essere rimasto più fedele all'originale. Un po' curvo, con l'andatura dondolante; molto incline al litigio, come trent'anni prima. Certo, non ha più i capelli, e i muscoli intorno alla clavicola sono diventati fini sotto alla pelle assottigliata; ma che vuol dire, si riconosce, è sempre lui. Ha sessanta anni e secondo quei coglioni dell'INPS non è ancora pronto per prendere la pensione. Ormai però il suo diritto l'ha maturato, perciò si è fatto liquidare dal socio, ha preso quello che gli spettava dalla cassa di previdenza, venduto casa e ciao. La pensione prima o poi gliela daranno. Intanto, vive.

Nella notte fresca è coperto solo da un lenzuolo dell'IKEA a fiori celesti. Forse ha mangiato troppo o forse al contrario ha fame. Qualcosa a cui non sa dare un nome gli stringe lo stomaco. Il suo sguardo continua a passare dal corpo della moglie al proprio. Per lei non dovrebbe provare quell'astio. Hanno diviso la vita, esperienze di ogni tipo, perdite e problemi. E poi ci sono i ragazzi.

A Roma, alcune volte osservandola poteva sentire ancora una certa tenerezza, la dolcezza che si può riservare a una vecchia compagna. L'abbracciava, ogni tanto. Trovava il modo di farselo drizzare pensando a Rita e di entrare dentro quella carne abbondante e familiare, tutto sommato amica. Una forma di tutela, anche. Un modo per avere la sicurezza di controllarsi e di tenere in equilibrio il suo sentimento extraconiugale. Era lui a decidere. Una piccola concessione a Irene, alcune a Rita. Tutto sotto alla sua direzione.

Adesso che la bilancia è spezzata, è come se la persona di sua moglie si fosse ridotta a un'immagine che gli arriva attraverso uno spessore di ghiaccio. Non c'è conversazione che lei possa intavolare o azione che possa svolgere, niente che sappia emanare il calore minimo per rendere tollerabile la loro convivenza. Non la sopporta. Spesso, anzi, la odia. Dentro di lui c'è una voce che di continuo gli sussurra che è a causa sua se ha lasciato Rita. Per stare con quella donna che non ama e a cui è legato da due figli, alcuni amici, un mutuo pagato con l'aiuto dei suoceri e una firma su un contratto di venticinque anni prima. E quando sta per esplodere, quando sente che potrebbe ucciderla con la stessa facilità con cui aggiunge lo zucchero al caffè, allora esce ed esplora l'isola, il parco, le spiagge.

Di rado fa il bagno, l'acqua del mare è fredda e lui ha paura delle correnti e delle lunghe onde dalla risacca formidabile. Lei rimane a casa, fa lunghe chiacchierate con i figli via Skype, ogni tanto prova a cucinare qualcosa con il Bimby. Tiene d'occhio Maria che viene a pulire ogni due giorni, invita le amiche italiane, frequenta e conosce il resto del mondo attraverso internet. Non le piace uscire.

Che cazzo ci sarà venuta a fare qui se non mette mai il naso fuori, tanto valeva che restasse a Roma.

Mario sa che questo pensiero è figlio della rabbia. Perciò appena può cerca di evitarla, di non guardarla, di non pensare a lei. Di fare come se non ci fosse.

14

Nell'ultimo giorno della vita che ha dimenticato, Rita Colonna si era dedicata a cancellare ogni cosa dell'uomo che amava. Aveva buttato via anche la salsa preparata per lui e riposta nel congelatore in porzioni adatte alle loro piccole esigenze. Perfino i carciofi sottolio e i peperoncini Red Scorpion che solo lui riusciva a mangiare. Da ultimo, anche la bottiglia di acqua frizzante semivuota da cui lui aveva bevuto.

Alla fine era stremata ma lucida. Solo che sentiva muovere dentro di sé una sensazione calda e lenta: strisciava e le dava il tempo di riprendere fiato, poi, con alcuni guizzi, le raggiungeva il cervello. Doveva fermarsi, allora, pensando a quello che le restava ancora da buttare via. Girava da una stanza all'altra, insieme depressa ed euforica. Poteva essere un'occasione. L'aveva letto in un articolo: le difficoltà andavano considerate opportunità, si doveva attraversare il dolore per poi rinascere.

In fondo che cosa aveva perduto? Un incontro alla settimana fatto di tanto sesso, qualche litigio per gelosia, buon cibo. E tenerezza, ma sempre a piccole dosi. Lui lesinava, amministrava il cuore in maniera ferrea. Lei poteva trovare di meglio. Vide sé stessa abbracciata a un altro, nuda. La prendeva da dietro e non aveva volto. Cercò di immaginare i dettagli ma non le riusciva. Avrebbe di nuovo provato piacere? Avrebbe più messo la propria bocca su quella di un altro uomo? Le labbra sul suo sesso provando gioia?

Si guardava allo specchio. In una delle foto che aveva buttato era ritratta sorridente attraverso il vetro di un bicchiere. Gliel'aveva scattata lui a Firenze, in un giorno feriale di luglio. Il suo compleanno, fatto di pappa col pomodoro e prosecco, cantuccini e vin santo. Erano usciti brilli, abbracciandosi. Davanti a San Lorenzo lui si era seduto su uno scalino, la bella camicia di seta bianca incollata addosso per il sudore, e le aveva sussurrato ciò che qualsiasi donna innamorata vuole sentirsi dire. Era stato tutto così *reale*. La prima ricorrenza insieme dopo nove anni: aveva creduto fosse una svolta, invece no. Lui era così bravo a tornare alla routine, alla vita in cui lei c'era solo di venerdì.

L'immagine riflessa le diceva adesso che di quella donna di tredici mesi prima non era più restata traccia. Valutò le occhiaie, le rughe. Due ciuffi di capelli bianchi a lato delle tempie: perché non li aveva notati prima? Non riusciva a trovare pace, si agitava nella certezza di aver dimenticato qualcosa da buttare. Un biglietto del cinema o lo scontrino di un parcheggio un giorno qualsiasi avrebbero potuto riportarla al punto di partenza; e allora non sarebbe mai guarita. Questo non doveva succedere. Così passò in rassegna ogni angolo della casa, meticolosa come lui le aveva insegnato.

Mario era formidabile nell'organizzazione e imbattibile nel controllo di sé e degli altri. All'inizio della loro storia le aveva inviato centinaia di messaggi, telefonate ed e-mail. Un corteggiamento folle, durato qualche mese, anche se erano già amanti. Poi di colpo si era calmato.

Rita cominciò dall'ingresso, poi tornò di nuovo nelle altre stanze. Cucina, bagno, camera da letto. Osservò impietrita il copripiumino di satin che le piaceva tanto. Lo aveva comprato per San Valentino. Passando davanti a un negozio elegante in via del Corso non aveva resistito. Un regalo per loro due, una piccola follia. Non avrebbe nemmeno potuto permetterselo; però poi aveva pensato di sì, rinunciando al parrucchiere per un po'.

Via, avrebbe gettato anche quello dentro al raccoglitore della Croce Rossa. Ma non era ancora soddisfatta. Girava per casa, la testa vuota, i pugni stretti, i piedi indolenziti che strisciavano sul pavimento freddo. Haruki la seguiva, alternando agitazione a tranquillità. Teneva d'occhio il guinzaglio perché sperava di uscire. Ecco, sì: uscire. Rita lo pensò guardandosi nello specchio. Ecco che cosa mancava. E in quel momento l'impulso generico si fece volontà. C'era da levare tutto di mezzo, per smettere di soffrire. Un mostro a bocca spalancata la divorava da dentro a fuori e lei doveva togliersi di dosso quella sensazione.

Perché mi sono fatta ingannare in questo modo?

Cercava il nemico? Era nello specchio.

Questa consapevolezza la schiantò. Si inginocchiò di colpo e Haruki iniziò a leccarle il viso. Lo abbracciò per poi spingerlo via con forza. Uscì afferrando la borsa, prima che lui potesse seguirla fuori da casa.

15

“Domani ho deciso di andare a La Graciosa.”

Forse si aspetta che lei risponda qualcosa. A Roma gli avrebbe detto: “Non capisco che cosa ci vai a fare” anche se invece sapeva bene che voleva stare da solo.

Lui è fatto così, c’è abituata. Il suo proverbiale malumore, alternato a un’euforia quasi cattiva e a una vitalità travolgente, non ha fatto di lui un compagno di vita ideale. Al punto che si è ritrovata a spiare i figli e il loro comportamento con le ragazze, temendo di riscontrare le sue stesse crudeltà.

“Ti scoccia?”

“Figurati” gli risponde senza alzare il volto dal cellulare. Sa bene che la sua non è premura, Mario vuole solo discutere. Non gliene darà il modo. Anzi, vuole assecondarlo. “La figlia dei nostri vicini ci va spesso per acquistare pesce per il ristorante. Per arrivare a Órzola ci vuole al massimo mezz’ora e da lì con il traghetto è un attimo” risponde placida.

Lui annuisce in silenzio. Ecco, si è già informata sul percorso. Sente salire il nervosismo. Sa che tutta quell’accondiscendenza è falsa, frutto solo della sua sicurezza, data dai confini ristretti in cui ora vivono. È certo che sta pensando a quanto quella sua gita sia inutile. Tutto per lei è senza senso, anche quando serve. Tutto può essere fatto meglio. Gli spostamenti in moto, quelli in metro. A Roma i suoi discorsi iniziavano sempre con “ma non sarebbe meglio se” oppure “perché invece non”. Anche se si trattava soltanto di scegliere quale strada fare.

“Parli dei vicini napoletani?”

“Sì. Quelli della pizzeria. Lo so che non digerisci la pizza ma mi piacerebbe andarci, cucinano bene anche i primi. Sono venuti via dall’Italia tutti insieme, con i figli. E tornerai nel pomeriggio?”

“Non lo so. A pranzo magari mi porto dei panini.”

Tutto viene detto o lasciato in sospeso senza che i loro occhi si incontrino neanche per sbaglio. Mario cerca di ricordare se ci sia stato mai un periodo nel loro matrimonio in cui abbia sentito la sua mancanza. Quella sensazione che invece lo prendeva ogni venerdì sera, quando usciva da casa di Rita. Quella malinconia fortissima che aveva provato per esempio a Termini, al ritorno, sul binario dove si erano dovuti salutare per poi voltarsi la schiena.

Quello a Firenze era stato il loro unico viaggio, la sola notte in cui lui e Rita avevano dormito insieme, abbracciati, con le labbra attaccate, respirandosi, nutrendosi uno del fiato dell’altra. Aveva pensato che non sarebbe mai stato in grado di ritornare da Irene e dai ragazzi, a far girare la chiave nella toppa e rientrando dire loro che era troppo stanco anche solo per mangiare, e che perciò sarebbe andato subito a letto. Invece c’era riuscito, aveva detto e fatto tutto quanto. Poi, al buio, in camera era rimasto a fissare il soffitto, svuotato.

Si chiede se abbia mai provato una piccola nostalgia per sua moglie, magari quando si era dovuto allontanare per un viaggio di lavoro. È quasi certo che la risposta sia no. Eppure tutto era filato liscio, si erano organizzati al meglio, anche in passato. Sempre d’accordo sulle cose fondamentali: gli interessi, l’educazione dei figli, le vacanze, i rapporti con parenti e amici. C’è chi li invidia. Pensa di averla amata, in qualche modo, visto che sta con lei da venticinque anni. Di questi, quasi dieci li ha divisi anche con un’altra.

Anzi, è forte il dubbio che sia stato quell'amore a permettergli di sopportare il resto. Una vita vuota, la mancanza di vere emozioni. Com'era stato prima di conoscerla? E come andava, adesso che lei non c'era più?

"Dove eravamo nell'agosto del 2007?"

Gli serve il ricordo dell'ultima estate prima di Rita.

Irene alza gli occhi dallo schermo del telefono e lo guarda con sincera sorpresa. Lo sguardo le si addolcisce. Se sta cercando i ricordi della loro felicità, è un buon segno. Il nervosismo dipende solo dal grande cambiamento che ha affrontato, certo. O forse si tratta di senilità. Guarda quell'uomo che ha tanto amato e odiato. Le sembra così vecchio. Lanzarote non gli ha giovato per niente. Forse stava meglio a Roma, con il casino, l'immondizia, i barboni e le notizie sul degrado della città che lo mandavano fuori di testa.

"Agosto del 2007. Dai miei in Liguria, credo. Con i ragazzi. Come ogni anno."

"Sì, è vero. Come ogni anno" le risponde.

Ecco, adesso è certo di non averla mai amata.

Il giorno seguente, dalla finestra del soggiorno, Irene lo vede andare via. Prima di addormentarsi gli ha augurato la buonanotte e al risveglio il buongiorno, ma non è sicura che le abbia risposto.

Il suo cattivo umore è tangibile, tanto per cambiare. Lei preferisce non approfondire questioni alla fine trascurabili. In silenzio gli ha passato il sale durante la cena e i biscotti mentre facevano colazione, tutto qui. Non gli ha dato un solo motivo per attaccarla.

Il vento fresco mitiga l'effetto del sole e sposta sia le tende che lo strato di polvere rossa sulla veranda. Il Sahara è così vicino e loro vivono in un luogo che pare la luna, come dentro un documentario del National Geographic. Non avrebbe mai creduto possibile una seconda vita. Aveva sempre pensato che lui l'avrebbe lasciata, che sarebbe rientrato un giorno a casa e le avrebbe detto che aveva un'altra, che si era innamorato veramente, come non era mai accaduto tra loro. E che niente lo poteva trattenere, né i figli né gli anni trascorsi. Niente di niente.

A Roma aveva vissuto nella paura, pensava che a Lanzarote le sarebbe passata. Tutto si sarebbe risolto. Invece ha accanto un guscio vuoto, dotato però di un'immane forza sotterranea. Le pare che suo marito agisca in maniera meccanica, senza alcuno stimolo dettato dalla volontà, covando allo stesso tempo un rancore sordo. Lo ha spiato, osservando in quale modo si fa la barba, come cammina, in che maniera guarda le cose. Mario mette tra sé e il mondo una distanza incolmabile. Giudica tutto dalla sua prospettiva e lo disprezza. Come se la vita per lui non avesse più senso, proprio adesso che ha ottenuto la tranquillità sempre inseguita. Come se quella serenità, ora, la odiasse.

Mario esce con il consueto passo dondolante: andamento molleggiato e un poco strascicato. Sembra ci sia allo stesso tempo qualcosa che lo freni e che lo spinga. Un uomo che non sa decidere in che modo andare avanti.

Con sé ha uno zainetto dentro cui ha messo due panini, una bibita, un grappolo d'uva e il libro di Lodoli. Lo ha acquistato alla Feltrinelli di largo Argentina il giorno in cui ha lasciato Rita, poco prima di arrivare a casa sua. In realtà l'ha ricomprato. La copia di quando era giovane, la sua, quella vera, l'aveva regalata a lei dieci anni prima. In mezzo alle pagine c'era anche un papavero di cui ignorava la provenienza. Lo ha preso prima di chiudere la loro storia, voleva riaverlo. Forse per finire da dove aveva iniziato. Forse per cercare di cancellare tutto quello che ci stava nel mezzo.

Ad arrivare all'imbarco per La Graciosa impiega trentasei minuti di bus, come gli aveva detto Irene. E mentre aspetta il traghetto vede di nuovo i due vecchi. Lei ha ancora un foulard di seta tra i capelli corti e una giacchetta color sabbia sopra maglietta e pantaloni bianchi. Le mani abbronzate risaltano per via delle unghie laccate di rosso corallo. Lui indossa pantaloni lunghi e giacca a vento. Vestito così sembra ancora più forte e muscoloso. Ancora più giovane.

Cerca di non guardare verso di loro. Visto che si fa sempre gli affari propri e non dà mai confidenza per primo, la curiosità che prova adesso è imbarazzante. Anni da assicuratore a inseguire rapporti di lavoro ne hanno fatto un misantropo nella vita privata.

L'unica eccezione era stata Rita. Quando l'aveva vista, durante la presentazione di un libro che trattava dello sbarco in Normandia, così attenta ed emozionata, così naturale e distaccata da quelli che aveva intorno, solo felice di essere lì e di prendere parte a qualcosa che a lei doveva sembrare di fondamentale importanza, aveva provato l'impulso di parlarle per capire se potesse esserci altro, oltre a quello che vedeva; quale fosse il suono della sua voce. Era certo che l'avrebbe trovata familiare, perciò le aveva chiesto se fosse umbra, lui che era umbro. E quando, sorridendo sorpresa, lei gli aveva risposto che no, non lo era, era nata a Roma, il tono della sua voce a Mario era tornato indietro dalla profondità del proprio essere. Lei era già dentro di lui, in qualche modo, identica a come la immaginava, nel luogo in cui l'aveva conservata fin dall'inizio della sua esistenza.

Allora si era stupito. Lui che teneva sempre tutto sotto controllo si era smarrito mentre capiva che si sarebbe perduto, consapevole di non potere e di non volere farci niente. Forse era proprio a questo impulso, più vitale della stessa vita, che lei si era subito abbandonata. Non era una donna facile, di questo era sicuro. Al contrario, aveva scoperto che Rita temeva gli estranei per una profonda convinzione che potessero ferirla. Eppure si era immediatamente convinta della sua lealtà e lo aveva accettato, piegata da un amore irragionevole che era stato subito completo e vero, mentre avrebbe potuto anche essere solo sesso, consumato alla svelta e un'unica volta.

Mario torna a guardare la coppia anche se non vorrebbe. Il vecchio zoppica un poco e lei lo sorregge senza darlo troppo a vedere. Stanno anche loro salendo sul traghetto. Irene, ne è certo, non sarebbe mai capace di sostenerlo in quel modo pudico.

Dopo aver dato fondo a tutte le energie per cancellare Mario dalla propria vita, Rita si era di colpo calmata. Era scesa con l'ascensore e mentre arrivava al pianoterra si era sistemata i capelli allo specchio. Aveva le occhiaie del pianto, ma prima di uscire si era data un po' di correttore e adesso sembrava quasi bella. Si era messa anche il lucidalabbra – strano a dirsi – senza che le mani tremassero.

Se non a causa del colore del naso, rosso sulla punta per lo sfregamento del fazzoletto, nessuno avrebbe potuto pensare che quella giornata fosse stata per lei tanto brutta. Non sapeva dove sarebbe andata, sentiva solo il bisogno di respirare. Aveva deciso di prendere l'auto. Camminare per Roma a quell'ora non era il caso, poteva accaderle di tutto. Detestava guidare in città ma erano quasi le due del mattino, avrebbe trovato poco traffico.

Poteva andare sotto casa del Parenti a gridargli tutta la propria rabbia. Sapeva dove abitava, ce l'aveva portata lui due anni prima.

La moglie era stata ricoverata in clinica per un'ernia, i ragazzi si trovavano in campeggio per le ferie di agosto e loro erano stati a Palazzo Barberini per vedere una mostra su Arcimboldo. Come sempre vicini ma distaccati, si erano seguiti nelle sale silenziose. Lui era di cattivo umore per via del mal di schiena che non lo lasciava ormai da mesi. Non sembrava certo la giornata ideale da trascorrere insieme ma ogni momento era così prezioso e lei lo centellinava, trovando mille aspetti positivi, per sgradevole che fosse il contorno. Poi lui all'improvviso le aveva proposto di andare a casa sua. Una richiesta inaspettata, sorprendente e rischiosa, per cui Rita non aveva saputo trovare un diniego. Ricordava però l'emozione fortissima e le mille domande che le erano venute in testa, mentre camminavano verso Trastevere. Forse voleva mostrarle il suo mondo per farcela entrare, rendendola partecipe di tutta la sua vita. Forse infrangere il tabù dei tabù poteva cambiare qualcosa nel loro rapporto.

Come in un sogno, lei aveva visto la porta di ingresso e una dopo l'altra quelle stanze che aveva solo immaginato o intravisto attraverso lo schermo del telefono, durante qualche rara videochiamata. Ecco dove lui mangiava, ora non le importava con chi. Il pavimento su cui passeggiava, alzandosi al mattino. File ordinate di preziose mattonelle a scacchi su cui i suoi piedi si erano poggiati ogni giorno. La doccia. La camera con il letto matrimoniale. Aveva trovato normale che su quel letto la spingesse, spogliandola. E che la prendesse, guardandosi sulle ante a specchio dell'armadio. Lei vedeva il miracolo di lui che osservava loro due mentre si amavano. Era tutto reale, come nei migliori sogni. Non le era venuto in mente che quello fosse il letto in cui lui dormiva con un'altra. Era il suo uomo e quello era il loro letto, la loro casa. Dove, per un motivo inspiegabile, non vivevano insieme. Non ancora.

Irene non c'era. Irene non esisteva.

Qualsiasi fosse la spiegazione a quel giorno di follia, dal momento in cui sua moglie era rientrata, per Mario era stato da ascriversi nel novero dei casi eccezionali, che chissà quando – e se mai – si sarebbero ripetuti. Eppure dentro Rita si era accesa una piccola luce. Perché lui avrebbe dovuto rischiare tanto per portarla a casa sua? E se li avesse visti una vicina? E se avessero incontrato degli amici? Non era una prova definitiva del suo amore immenso? Non stava forse per cambiare tutto tra loro?

La risposta era no e giunse a Rita con il riprendere dei venerdì, come niente fosse. Come niente fosse stato.

Mentre a bordo della piccola auto verde smeraldo tagliava in due Roma, lei immaginava la scena. Avrebbe potuto vedere con soddisfazione la luce della loro camera da letto accendersi e ascoltare attraverso i vetri la voce di Irene che gli chiedeva spiegazioni: "Chi è quella laggiù che urla il tuo nome?" Certo che si sarebbe alterata, la mogliettina. Avrebbe ceduto, alla fine. Avrebbe strillato. Un suono desiderato, temuto, atteso per anni a ogni squillo di telefono, anche al lavoro, in ufficio.

"Sono la moglie di Mario Parenti, passatemi quella troia che scopa con mio marito."

Così lo aveva immaginato. Oh no, già, lui avrebbe detto che questo era impossibile. Non lo avrebbe mai fatto. E comunque non avrebbe usato certi termini. Irene è buona, educata, gentile. Una vera signora.

Lei com'è?

Ora che non aveva più niente da perdere, poteva finalmente misurarsi con la rivale. Prenderla di petto mentre dormiva, ignara, in quel letto che in realtà non le apparteneva. Farle provare una piccola parte del dolore che le aveva regalato in quei dieci anni in cui aveva scelto di girarsi dall'altra parte, resistendo, conoscendo bene la viltà dell'uomo che aveva sposato.

Intanto, Rita si avvicinava. A loro, alla casa piccola e carina vicino al Colosseo e alla Domus Aurea, dove riposavano sottoterra gli affreschi che tanto aveva amato anche Raffaello. Un bel condominio signorile, con le persiane di alluminio verde e il portiere che prendeva la posta.

Ricordi, amore? Purtroppo alla Domus non ci siamo mai andati.

Ma subito tra le lacrime le era tornata in mente la verità.

In fondo Irene che cosa c'entrava? Era solo un'ombra nella sua testa. Ma ogni sera e ogni mattina poteva toccare quell'uomo che non si capiva bene di chi fosse. Allungare una mano attraverso il letto in un gesto qualsiasi. Alzare il lenzuolo fino a coprirgli la spalla, se pensava che avesse freddo. Abbassarlo per guardargli i glutei. Maledetta.

Tagliatele le mani!

Magari ne avesse avuto il potere. Se solo la sua fosse stata la storia di Alice, lei si sarebbe trasformata nella Regina di Cuori.

Il nemico va eliminato.

Irene che vedeva Mario alzarsi nudo dal letto e ne respirava l'odore ogni notte, senza rendersi conto del tesoro che possedeva e senza apprezzarlo, Irene andava giustiziata. C'era un grande equivoco di fondo, le sembrava evidente, e andava risolto.

L'aria che respiravano insieme non le apparteneva – perché Rita era sicura che fosse sua e sua soltanto, come tutto ciò che lo riguardava – ma andava comunque a infilarsi nel naso odiatissimo di quella donna grassa e mansueta, colpevole di abitare nel territorio sbagliato. Lei con Mario non c'entrava niente, tutto qui.

Ma non è Irene il nemico.

Rita si sentiva confusa, doveva riprendere da capo il ragionamento.

Deve essere lui, allora.

Mario l'aveva presa prigioniera con l'adulazione e la cura, facendola sentire bellissima e unica, portandola a desiderare cose che prima nella sua vita non c'erano. Aveva aperto una finestra e le aveva mostrato panorami bellissimi. Poi le aveva chiesto se le piacessero. E alla sua risposta affermativa, piena di speranza e carica di attese, aveva richiuso quella finestra del cazzo dicendole che non poteva vederli, se non ogni tanto e da lontano. Quando lui avesse voluto.

Niente di tutto questo sarà mai tuo.

Aveva creduto però di essere andata troppo indietro, disorientata dal dolore. Non c'era bisogno di ripensare a tutta quella sofferenza. Invece insisteva.

Avrebbe potuto dirgli di no, subito, o dopo la prima volta. La sua amica l'aveva avvisata.

Amante. Sei l'amante di un uomo sposato.

Nella sua vita non avrebbe mai voluto veder accadere niente del genere. Aveva tradito sé stessa, ripiegandosi. Un origami di donna che aveva cercato di rendere vera una felicità immaginaria. Si vide nel corridoio di casa, un attimo prima di uscire. Dallo specchio le era arrivato il riflesso di un volto che non conosceva. Grigio, livido, incattivito. Stringendo forte il volante aveva ricordato la verità.

Ecco il nemico.

Mentre lo pensava stava entrando nella galleria del Muro Torto e tutto dentro di lei aveva iniziato prima a rattrappirsi e poi a espandersi. Voleva solo dimenticare.

Sto per esplodere.

Da bambina aveva già conosciuto un dolore come quello e adesso non era più in grado di sopportarlo. Sentiva una pressione molto forte.

Sto per esplodere.

Qualcosa nella testa le diceva di scappare e tornare indietro, a prima della sofferenza.

Ricomincia da capo. Azzera tutto.

Le mani stringevano il volante. I piedi si erano irrigiditi e il destro sull'acceleratore aveva spinto quasi a voler uscire fuori dalla carrozzeria dell'auto. Non aveva provato nemmeno a girare lo sterzo. Si era guardata nello specchietto, disprezzandosi con tutta la forza che aveva.

Poi aveva chiuso gli occhi.

Pronta a scoppiare.

17

Il traghetto per arrivare impiega circa mezz'ora. Mario deve resistere solo per quel breve tempo. Non vuole cedere alla tentazione di guardare i due vecchi innamorati, resterà appoggiato alla balaustra a osservare il mare. È una giornata bella e uguale a tutte quelle che ha trascorso finora alle Canarie.

Comincia a desiderare la pioggia, insieme a nuvole grigie e puzza di scappamento. Pensa che tra poco rimpiangerà anche il rumore della sirena delle auto blu, i sorci e la merda di piccione sul sellino della moto: ciò che più ha odiato di Roma. Dentro di sé da giorni prova una grande oppressione, una morsa che pare stringergli tutti gli organi interni nella gabbia toracica. Non riesce più nemmeno a deglutire bene. È come avere in gola qualcosa che non va né su né giù. Una specie di uovo sodo, come quello di cui parlava Virzì nel suo film.

"Mi scusi."

La donna gli si è avvicinata senza che lui se ne accorgesse. Il vecchio accanto a lei tace.

"Ho avuto la sensazione che ci stesse guardando. Credo che lei sia italiano. Sarei felice di scambiare qualche parola."

Mario arrossisce. Il suo tono non è invadente. Così si limita ad annuire. L'uomo accanto fa un cenno con la testa, come a dire che anche a lui va bene.

"Mi chiamo Sofia. E lui è Vittorio."

"Piacere, Mario."

Il vecchio non sembra avere molta voglia di partecipare alla conversazione. Se ne sta zitto e sorridente. Meno reattivo di quando lo ha incontrato sulla strada del vulcano. Non si è nemmeno presentato da solo, e pare non averlo riconosciuto.

"Non ci faccia caso," dice lei cogliendo al volo lo sguardo che Mario gli ha rivolto "la nostra situazione è particolare. E non sempre Vittorio ha voglia di parlare con gli altri."

"Non volevo certo indagare" risponde seccato. Gli pare che la precisazione della donna sia fuori luogo: prima gli ha chiesto di parlare e subito dopo lo ha fatto sentire un ficcanaso.

Dovrebbe capire cosa vuole, prima di abbordare un estraneo.

Sofia sorride mesta e si stringe nelle spalle. Poi continua come se niente fosse: "Il nostro rapporto è facile da indagare, sotto un certo punto di vista. Vittorio non vuole fare a meno di me e io non voglio fare a meno di lui. Dura così da molti anni, ormai. E funziona bene."

Detto questo, inizia ad accarezzare l'avambraccio dell'uomo con la bella mano abbronzata e intanto comincia a interrogare Mario, come fosse una vecchia amica curiosa, avida di notizie. Cosa ci fa lì, dov'è la sua famiglia, qual era il suo lavoro in Italia.

Solo una cosa non gli domanda, anche se forse vorrebbe. Adesso non è il caso di chiedergli se sia soddisfatto del cambiamento, le sembra così triste che la risposta è evidente.

Grazie a quella conversazione il tragitto si accorcia. Quando scendono cominciano a camminare fianco a fianco e pare naturale a tutti proseguire a parlare e procedere insieme. Finisce che restano così per l'intera giornata: ridono, dividono i panini, comprano del pesce fritto che Vittorio gradisce in maniera particolare. E Mario si commuove, restando rivolto verso il mare e cercando di non farsi vedere, quando Sofia aiuta Vittorio a fare la pipì. Anche se lui è un estraneo lei gli chiede per cortesia di tenerle la borsa, mentre armeggia con i fazzolettini imbevuti, per pulire bene il suo uomo.

E dopo un po' sente Vittorio che le dice piano: "Grazie, amore."

Così gli capita ancora di immedesimarsi, di vedersi, proiettandosi avanti negli anni. Il suo pensiero è ancora quello di qualche giorno prima: varia soltanto il punto di arrivo. Finirà in quella stessa maniera, forse. E Irene non gli resterà vicina come fa Sofia con Vittorio perché non ne sarà capace. Comunque lui non lo vorrebbe, preferirebbe morire che dipendere da sua moglie.

Non voglio finire così con Irene, mio Dio, non con Irene.

Nel pomeriggio esplorano due spiagge bianche e Sofia raccoglie delle conchiglie.

"Potresti dipingerle" dice porgendole a Vittorio. Lui le prende nella mano e inizia a soppesarle, mentre guarda lontano.

A Mario manca il coraggio per chiederle se sia malato. La prima volta che lo ha incontrato gli è sembrato così vitale.

"È molto forte e sano," dice piano Sofia approfittando di un momento in cui si è allontanato "ma non ricorda quasi niente. Non ricorda le figlie e nemmeno gli amici. Non sa dare un nome ai colori, anche se continua a dipingere. È un pittore molto famoso, sa? E non ricorda i quadri che ha appena terminato né i titoli che ha deciso di dargli. Spesso sono titoli di vecchie canzoni rock ma anche quelle sono sparite dalla sua memoria. Non sa nemmeno più chi sia sua moglie." E qui fa un largo sorriso. "Per fortuna. Si ricorda solo di me."

Mario sgrana gli occhi.

E Sofia accentua, se possibile, la propria espressione di serena malinconia. "Sono la sua amante da molti anni. Ventotto, più o meno."

"Non capisco. Scusi, in che senso *amante*?"

"Nel senso che lo amo ma non sono sua moglie. Sono qui con lui. Siamo fuggiti. Viviamo insieme. Lontani dal mondo e dentro all'unico mondo possibile."

Gli occhi di Mario si inumidiscono ma poi riesce a riprendere il controllo. "È una situazione strana, trovo. Mi incuriosisce. Le cose che vi sono accadute, chissà quante sono."

"La nostra situazione è normale ma anche straordinaria. Ci sono accadute molte cose, è vero, e alcune terribili. Ma l'unica davvero importante è stata soltanto una: decidere di stare insieme. Come quando dopo la guerra ci si ritrova tra le macerie dei palazzi e invece di pensare a quello che si è perso siamo pazzi di gioia per essere ancora vivi. Non importa quello che è successo o cosa si è perduto, la bruttezza ormai non c'è più, si riesce ancora a respirare, a pensare a quello che si mangerà, al bicchiere di vino che forse gusteremo alla fine della giornata."

Mario è stordito. "E la famiglia? Le vostre famiglie?"

Sofia fa fare una piroetta alla mano, quasi si trattasse di un dettaglio stupido. "Qualcuno è morto. Qualcuno ci odia. Altri fingono che non siamo mai esistiti. Tutti, naturalmente, vogliono soldi. Noi due però siamo insieme, qui. Ed è questa l'unica cosa che conta."

Rimane zitto, non sa più che cosa dire.

"Ho parlato troppo" sospira Sofia al momento dei saluti. Poi sorride cercando di mantenere un tono lieve. "Il che per me è veramente strano. Forse sarà il luogo, o forse sono davvero diventata vecchia."

Si lasciano con una stretta di mano.

Per il resto della giornata, durante il rientro in traghetto e il percorso in bus fino a casa, Mario si sente anestetizzato. Non riesce ad articolare che poche parole. E sono comunque molte di più dei pensieri, che sembrano aver del tutto abbandonato la sua mente.

Per evitare di scoppiare, sono tornata in ufficio. Mi occupo di seguire la realizzazione di impianti fotovoltaici ed è un lavoro che mi piace molto, mi sembra di contribuire a rendere più pulita la vita di tutti.

Sono trascorsi sei mesi dall'incidente e ora per camminare non ho bisogno della stampella, anche se devo portare solo scarpe basse e camuffare l'andatura zoppicante con gonne lunghe e pantaloni scampanati. I capelli mi sono ricresciuti e nascondono del tutto la cicatrice sulla testa. Quella sul volto è resa invisibile dal trucco teatrale che mi ha suggerito la vicina di casa.

E dunque sto bene. Così pare. Le amiche lo pensano. Invece è tutto il contrario, sto precipitando. Ho accettato la presenza di mio padre pur non avendo la minima idea di chi sia e di quale influenza possa aver avuto sulla mia vita. Ma sembrava per tutti importante che lo facessi, ed è anche questa una specie di violenza.

Quando ero ricoverata, lui era il primo che vedevo appena aprivo gli occhi. Si era sistemato di traverso su una delle sedie scomode e senza colore a disposizione dei visitatori, e da lì non si schiodava. Leggeva il giornale e ogni tanto faceva capolino dalla pagina, costringendomi a chiudere svelta le palpebre per avere ancora qualche minuto di pace. Prima della misurazione della temperatura, della medicazione delle ferite, dell'elargizione dell'antidolorifico che arrivava come la pioggia dopo mesi di siccità. Prima di essere alla mercé di tutti, ero alla mercé di quello sconosciuto. Non volevo che lui mi toccasse, e quando si avvicinava mi irrigidivo e non riuscivo a reprimere una smorfia. Ma era davvero gentilissimo, ci sapeva fare, e le infermiere gli permettevano di rimanere oltre l'orario di visita. Avrei voluto urlare ma la vergogna mi sommergeva come un'onda. Mi costringevo a tacere e arrossivo per lo sforzo. "È mia figlia" lo sentivo dire al medico che usciva dalla visita del mattino. "Questa amnesia, io davvero, dottore, non capisco, ci aiuti lei." Come un accattone di speranza. E poi silenzio. Potevo allora immaginare il sospiro dello specialista, e lo sguardo smarrito di quel presunto padre, autorizzato dal cognome sulla carta di identità a chiedere informazioni sul mio stato di salute, ma sbugiardato dalla totale mancanza di ricordi che lo riguardassero.

Durante i mesi della convalescenza si era poi ritagliato un posto nella mia vita senza forzarmi troppo la mano, magari facendosi trovare fuori dall'ufficio per un caffè o a casa di Teresa la domenica per un pranzo tutti insieme. Così ho scoperto che gli piace il vino, detesta i cetrioli e l'anguria perché non li digerisce e si arrabbia con facilità ascoltando le notizie al telegiornale. Si dice socialista, anche, ma ce l'ha con gli extracomunitari e i gay. E dunque è un fascista.

Quel dovermi rivolgere a lui come una figlia mi pare solo una farsa, ma la sopporto perché mi sembra un dovere ricambiare un minimo le attenzioni che mi ha riservato mentre stavo in ospedale. È riuscito insomma a fare leva sul senso di colpa e a far germogliare in me un obbligo. Proprio quello che detesto.

Parlando con Teresa ho anche saputo che è stato un bravo marito, e che dopo la morte della mamma ha avuto un *periodo di latitanza* dalle nostre vite, per via di una donna.

"Quale donna?" le ho chiesto con poco interesse una sera, mentre la aiutavo ad asciugare i piatti.

"Quella del tuo sogno, ricordi? La bionda con gli occhiali a specchio."

"Ah già, mi aveva terrorizzata. E lei che fine ha fatto?"

"Non lo so. Noi con quella non abbiamo mai avuto nessun rapporto. Quando l'ha conosciuta, lui è sparito. Poi un giorno è sparita lei e lui è tornato. Come se niente fosse."

"Dopo quanto tempo?"

"Undici anni, più o meno."

Mi era caduto lo strofinaccio di mano e anche la gamba sana aveva iniziato a farmi male. Undici anni.

Che cosa voleva dire con precisione la parola "latitanza"? Che diavolo era accaduto alla nostra famiglia? Peccato, quello sarebbe stato il momento adatto per scoprirlo ma mi era mancato il coraggio di approfondire la questione. O forse la forza. Non ero riuscita neanche a mangiare il dolce che avevo desiderato per tutta la cena ed ero andata via presto, in fretta e furia.

"Accidenti al mal di testa, scusatemi ma proprio non ce la faccio" avevo detto all'improvviso.

"Certo, ci mancherebbe, non preoccuparti. Ragazzi, date un bacio a zia che torna a casa e mettete il guinzaglio ad Haruki." Teresa aveva parlato dando un'occhiata preoccupata al marito, che si era offerto di accompagnarmi, sempre premuroso.

Meglio un taxi. Meglio un autista silenzioso e Roma che scorreva bellissima attraverso un finestrino appannato. Haruki che mi dormiva in grembo, sereno come tutti i cani che vengono amati. Potevo finalmente restare sola con i miei pensieri. In quel momento ce n'era uno.

Undici anni.

Quel numero era stato una deflagrazione nel cervello. Insensata, visto che di lui non mi ricordavo, eppure era capace di farmi soffrire. Bravo. Potevo lo stesso immaginare una figlia il cui padre all'improvviso sparisce per un periodo lunghissimo. La mancanza. L'angoscia. Non può essere vero. Tanto poi torna.

Undici anni.

Dove cazzo era stato mio padre per tutto quel tempo? Non avevo neanche capito bene per quale motivo si fosse allontanato da noi, mia sorella era stata sfuggente e io non avevo cercato di saperne di più. Meglio evitare il dolore diretto. Meglio lasciarlo nello sgabuzzino delle possibilità. Era accaduto per via di una donna bionda con gli occhiali da sole. E io quella lì non me la ricordo, forse perché era solo un'appendice di *padre*, anche se poi l'ho perfino sognata.

Mia madre invece sì, la rammento benissimo, era una donna magra e nervosa. Sempre severa, controllata. Eppure quando penso a lei la rivedo che fa scherzi, con denti minuscoli e bianchi come quelli di un piccolo carnivoro feroce – un furetto o un cucciolo di iena –, e mi solletica, appoggiando quei dentini sulla mia pancia scoperta di bambina. Non so come facesse di preciso, so solo di non averlo mai più scordato. Ho bene in mente anche quel pensiero: *ora mi mangia.* In un misto di terrore ed eccitazione, mia madre era un orrendo mostro buono che profumava di Mitsouko.

Non era però stata quella la paura peggiore provata a causa sua. Non reggeva il confronto con il panico che mi prendeva quando spiavo da dietro i vetri un suo ritorno impossibile.

Da un certo punto in poi, c'era stato da avere pazienza. Le terapie della mamma non sarebbero durate per sempre. Questo dicevano i nonni, questo dicevano tutti: "Dovete avere pazienza." La promessa era che io e mia sorella non saremmo restate sole a lungo.

"Vieni, Teresa, dammi la mano, vedrai che presto tornano a prenderci."

La casa dei nonni che vivevano in campagna era abbastanza nuova, luminosa e piena di polvere. La casa dei nonni che abitavano in città era invece antica e odorosa di muffa. Le giravamo a turno.

Quella della tata, nella profonda Ciociaria, non aveva ancora l'energia elettrica, la televisione era collegata con dei morsetti alla batteria dell'auto, il burro veniva conservato nell'acqua, fuori dalla finestra, e di notte dovevamo andare in bagno con la candela. Perciò a volte facevo la pipì a letto oppure restavo sveglia con il cuore a mille, a sentire le voci di Fanny e di suo marito, l'omone che teneva sul comodino le riviste che noi bambine non dovevamo guardare.

"Non torneranno mai più a prenderci, era una bugia."

La voce di Teresa nel buio era stata come una lama.

Roma passava dal finestrino e di nuovo sentivo quel dolore. Mi sarebbe piaciuto chiedere al tassista se aveva figli. Volevo essere certa, da come ne parlava, che li amasse. Ma non ero sicura di ricevere una risposta breve e questo poteva rappresentare un problema. Forse si sarebbe sentito lusingato per quel mio interesse, cominciando un discorso lunghissimo che mi avrebbe acuito la pena invece di lenirla. Pur avendo ben chiaro in mente che la felicità non esiste, ho sempre visto le famiglie degli altri come universi perfetti ma irraggiungibili, chissà poi perché.

Avevo osservato la mia mano sinistra. C'era ancora il segno dell'anello. Se mi concentravo con lo sguardo su quel pezzetto di carne, un quadrato di falange di due centimetri per due – in tutto quattro centimetri calpestabili su cui potevo immaginare una fontanella nel mezzo, una panchina su un lato e due puntini neri che la attraversavano mano nella mano per andarsi a sedere –, sentivo dolore. Come se quella piccola piazza di pelle bruciasse.

Lui dov'era? Dov'era finito il suo anello? Perché mi mancavano tanto?

Ero andata in affanno e avevo cominciato a piangere, senza smettere nemmeno mentre pagavo la corsa e cercavo le chiavi per aprire il portone.

Avevo pianto nell'ascensore, poi mentre asciugavo Haruki che si era bagnato con la sua stessa pipì, perché io singhiozzando lo avevo tirato via che stava ancora orinando vicino all'ingresso.

"Haruki, Harukino mio, sono una cattiva padrona. Scusa, scusa."

Ormai gli parlo di continuo, anche davanti alla gente. E quindi forse sto impazzendo ma non mi importa. Parlare con lui mi fa stare meglio.

Non avevo spento nemmeno la luce nel corridoio. Mi ero tolta la giacca e l'avevo buttata in terra, vicino alle scarpe. Sdraiandomi sul letto ancora vestita mi ero poi addormentata di colpo.

Lui con un balzo aveva conquistato il suo posto e con pazienza era rimasto a consolarmi, leccandomi gli avambracci e le mani. Poi, con un gran sospiro, aveva chiuso gli occhi insieme a me.

19

Mario pensa di continuo a Sofia e Vittorio. La gita a La Graciosa ha dato alla sua curiosità un nuovo impulso. Com'è amarsi da vecchi? Cosa sentirà lui a penetrarla? La toccherà, la bacerà? Cosa accadrà tra loro? Arriveranno all'orgasmo?

Forse due corpi che si amano perdono la cognizione del tempo e restano giovani.

Rita ha cinquantadue anni, un corpo teso e snello, poche rughe e un volto sempre aperto e sorridente, ma tutto questo non è fondamentale per fargliela amare. Che cosa prova *veramente* per lei? Qual è la reale consistenza del legame che sente?

Non è la madre dei suoi figli, non hanno niente a unirli, hanno condiviso molti anni fatti di un solo giorno alla settimana o poco più. Li conta, sono quattrocentottantaquattro giorni, compreso quello a Firenze, la gita a Nemi e il fuori programma di Roma mentre Irene era in clinica.

Per quanto continuerà a pensarla? A sentirsi così male? Il pensiero va a *Shining*, terzo libro da sinistra nella seconda fila dall'alto della BILLY bianca in camera di Rita. *Luccicanza*. Un richiamo irresistibile, una forma di energia. Fa una smorfia.

On, off. Se non ami sei spento.

Aveva spiato Sofia che prendeva in mano il sesso di Vittorio per sorreggerlo e poi pulirlo.

Vorrei essere l'uccello che accarezzerai e dalle tue mani non volerei mai.

Lui e Rita erano anche andati a un concerto, uno solo. Erano riusciti a prenotare due posti vicini. Insieme, stretti nelle poltrone dell'Argentina che sembravano fondersi per permettere a loro due di baciarsi; lui al buio le aveva messo la lingua e il fiato nell'orecchio. Intrecciando le mani le aveva detto: "Ce ne saranno altri."

Invece no. C'era stato solo quello di Lucio Dalla.

Un evento eccezionale. Irene aveva festeggiato con le amiche i cinquant'anni e lui volentieri le aveva regalato la cena in un locale di lusso. L'avrebbe mandata anche sulla luna, purché si togliesse di torno. Quando per qualche giorno non c'era, lui respirava.

Si svegliava sereno, quasi felice. Preparava la colazione ai figli cantando. Si radeva e guardandosi nello specchio si vedeva giovane. Pregustava l'incontro con Rita, la libertà di portarla a Nemi per un pranzo che avrebbe potuto essere anche di lavoro, se qualcuno li avesse visti.

Irene è la sua gabbia. E allora perché non la lascia? Perché non la mette in discussione?

Come si può mettere in discussione il dente che ti è nato storto? Bisognerebbe togliere il dente. Farebbe male e costerebbe molto. Lui però detesta soffrire e non ha intenzione di pagare alcun prezzo.

Nella sua testa esistono idee opposte che sembrano tutte valide, e stanno lì a macerare in un brodo di tristezza e rimpianto. A tratti diventano un vortice, cozzano tra loro senza riuscire a scremarsi, restano indistinte. Le analizza sentendosi straziare.

Sono tutte vere, dunque tutte false.

Si sente un mostro o forse un idiota, che è pure peggio.

Magari Sofia può aiutarlo, spiegandogli come è fatto un amore clandestino che è riuscito a trovare la sua strada, durando poi senza vacillare. Un sentimento che sa includere ancora sesso e tenerezza, cura e condivisione.

Quella sera dice a Irene quattro parole: "Ciao, vado a letto"; e nemmeno buonanotte. Da quando ha lasciato Rita cerca di evitare le frasi di cortesia. Gli sembra di dedicarle una specie di risarcimento, visto che per lei erano la prova del tradimento che subiva ogni giorno, l'abominio della normalità che non poteva avere.

Non era mai riuscito a capirla fino in fondo, glielo aveva giurato in mille modi che non era vero, non faceva sesso con Irene, non lo facevano da anni e lei ne era quasi contenta.

Era la mezza verità a cui facevano finta di credere entrambi. Ma non era il solo problema, Rita glielo aveva spiegato più volte. C'era di peggio, ed erano le cose minuscole, quelle su cui si impuntava. Il maledetto quotidiano. Ogni Natale. Le ferie in Liguria dai suoceri, nello stramaledetto paesino al confine con la Toscana.

I suoi malesseri e la sua disperazione, che a lui erano sempre sembrati esagerazioni, il frutto di una mente che tendeva a immaginare e a soffrire per delle proiezioni inesistenti. Perché provava quel dolore tanto grande, benedetta donna? Eppure la chiamava tutti i giorni. Eppure faceva carte false per stare con lei, ritagliandosi il venerdì libero ogni settimana, a prezzo di sacrifici lavorativi enormi. Natale per lui era una festa banale. Le ferie in Liguria solo un periodo di riposo, per tornare dal suo amore ritemprato e in forma. Ma lei non capiva.

Rita gli aveva spiegato come si sentiva, parlandogli del senso di continuo abbandono che la prendeva e le faceva quasi perdere la ragione. Aveva cercato di smuoverlo, commuoverlo, tirandolo dalla propria parte, mettendolo di fronte a quel dolore. Aveva protestato, chiesto e implorato, strisciando.

Scegli me. Scegli me. Scegli me.

Lo aveva lasciato e ripreso. Da un certo punto in poi, però, non aveva più fiatato. Che cosa le era accaduto? Aveva capito la situazione, accettandola? O si era piuttosto piegata, diventando una donna diversa? Adesso Mario vorrebbe saperlo, se si trattava di adattamento o di rinuncia. Capire se per amor suo era cambiata, se era riuscito a plasmarla: prima non gli interessava, ora invece gli pare davvero importante. Ora vuole conoscere tutto e portarlo dentro di sé. Gli serve per sentirla ancora vicina. La ama in una maniera che non saprebbe definire. C'è una scheggia di lei che preme da qualche parte, senza dargli un attimo di tregua.

Eppure l'ho lasciata.

"E quindi da bambine ci hanno abbandonate?"

"No, Rita, ma che dici. Quando papà e mamma erano in ospedale e lei doveva essere operata oppure fare le terapie, noi siamo rimaste dai nonni e qualche volta da Fanny. La mamma è stata malata per quattordici anni, noi nel frattempo siamo diventate grandi. Nessuno ci ha mai abbandonate, perché me lo chiedi? È così che ti senti, *abbandonata*?"

Poi insiste. I nostri erano bravi genitori. Lui ha dovuto sopportare un dolore indicibile, per anni. Una roccia, dice, e ha fatto quanto umanamente possibile per noi tutte. Così mi sciorina la teoria del brav'uomo. *Bravo fino a un certo punto.* Poi scomparso.

Sì. Forse era impazzito. Magari incattivito dalla malattia della mamma. Teorie. Io però non credo ai giochi di prestigio e nemmeno ai cambiamenti indotti dal destino avverso. Se sei buono, lo sei per sempre. Se sai fare del male, lo metti in opera appena possibile. Lui, infatti, ogni tanto scatta:

"Possibile che non ti ricordi di me, cazzo?" *Ecco il fascista che fa capolino e saluta*, penso. E poi gli sorrido, falsa, e faccio spallucce fingendomi dispiaciuta. Ancora più salda nel mio distacco.

"Quanto male ci ha fatto, eh? Puoi dirmelo tranquillamente": la provoco, sono in cerca di conferme. Ma Teresa è molto attenta a ciò che dice. A ogni mia affermazione cerca di indagare. Prima ha temuto che morissi e adesso, scampato il pericolo, credo che il sospetto, taciuto e condiviso da tutti, le avveleni la vita.

Io che ero quella sempre sorridente, ottimista in modo irragionevole, piena di amici e di impegni, bella, sportiva, perfettamente in salute, forse ho cercato di uccidermi. E magari potrei anche riprovarci. Eccomi qui, smarrita, sospettosa, sofferente. Magra e con le occhiaie, quasi fiera delle cicatrici che mi attraversano, senza alcun interesse per il mio corpo.

Anche con Haruki sono cambiata, forse per questo lui ha smesso di giocare e saltare, e passa le giornate nella cuccia. Quando deve scendere si avvicina al guinzaglio scodinzolando e poi mette la coda tra le gambe, quasi a chiedermi scusa per l'impellenza.

A dispetto delle differenze, io e Teresa siamo sempre state vicine. Certo, la malattia della mamma e quell'altra storia assurda di nostro padre dovevano averci messe a dura prova. Siamo diventate sensibili e facili da ferire ma in ogni caso siamo rimaste unite. La mia fissazione di voler nascondere il mio uomo forse sarà stata l'unica incrinatura tra noi. Ma chissà poi perché. Magari mi vergognavo, la vicina le ha detto di aver visto *per anni* quell'uomo salire le scale, sempre e soltanto il venerdì mattina e ridiscenderle il venerdì sera.

Un pettegolezzo fatto a mezza voce, quando ha saputo dell'incidente.

Teresa mi ha confessato che da anni sospettava che avessi qualcuno ma di non avermi mai chiesto niente, per non forzarmi la mano. In tutto quel tempo si sarebbe però aspettata una confidenza, un piccolo cedimento. Invece niente. Mi leggeva sul volto la sofferenza a ogni Natale e a ogni ricorrenza della nostra famiglia, ma non mollavo. Avrò avuto i miei motivi. E di sicuro come al solito tiravo avanti con triste buon umore, tenendo saldo in mano il mio bicchiere mezzo pieno.

Lei dice che le piacerebbe provare a ritrovarlo, quello stronzo. Chissà che tipo è, uno che sparisce e non si presenta più, a cui non interessa sapere se la propria amante è ancora viva.

"Quando nostra madre è morta io me lo ricordo bene, e tu?" pronuncio con un filo di voce.

"Sì. Ci avevano chiamate in ospedale perché avevano capito che era arrivato il momento. E appena noi siamo arrivate lei è morta, sembrava che ci aspettasse."

"Eravamo io e te soltanto, vero?"

Teresa inizia ad agitarsi. "Non voglio raccontarti storie. E poi tanto lo sai, forse questo te lo ricordi. Eravamo solo tu e io. Papà era andato a prendersi un caffè alla macchinetta nell'atrio. E così dopo aver assistito e curato e amato nostra madre per tanti anni, lei è morta quando lui non c'era."

"Oppure lui non c'era quando lei è morta."

"Tu non ti ricordi niente di lui, eh? Gli aspetti positivi, intendo. Però a quanto pare il rancore ti è rimasto dentro. Hai sempre pensato che l'avesse abbandonata, nonostante tutto quello che aveva fatto per lei. E che avesse abbandonato anche noi. Non hai voluto nemmeno stargli accanto al funerale. E non ti sei meravigliata quando si è trovato un'altra compagna. Lo hai sempre considerato uno stronzo, anzi, ti dirò di più: hai fatto di tutto perché tra noi e quella donna la situazione precipitasse e lui uscisse dalla nostra vita. Battutine, piccole scortesie che lei ha preso al volo come scusa. Forse volevi avere ragione su ciò che per te era una verità assoluta, chi lo sa. La tua teoria era che nostro padre fosse un pezzo di merda, e con la sua scomparsa hai trovato il modo di avvalorarla."

La guardo a occhi sbarrati e credo di essere livida.

"Perché lo difendi tanto? E io come cazzo faccio a sapere che quello che mi dici non sia una bugia, eh? Se è tutto vero, se si è preso undici anni di *latitanza*, allora ho ragione io. Ho ragione ad averlo dimenticato, perché è uno stronzo ed è vissuto da stronzo. E anche quell'altro, probabilmente. Tutti e due uguali. Devo averlo cancellato perché anche lui mi ha fatto del male. E sai una cosa? Pensare che sono riuscita a schiantarmi contro il Muro Torto è l'unica cosa che mi rende contenta di me. Almeno una cosa, *una*, in vita mia l'ho fatta, per cercare di stare meglio."

Teresa non sa più da che parte guardare. Se mi fissasse in volto probabilmente vedrebbe un mostro.

Dicono tutti che fin da piccola sono stata sempre così lieve e insieme con la testa sulle spalle. Una brava bambina. Mi sono laureata, ho trovato lavoro all'Enel, fatto una bella carriera. Sposata molto giovane, senza che questo cambiasse i miei ritmi di vita. Poi avevo divorziato, amato di nuovo, viaggiato, fatto sport, scelto da capo l'arredamento di casa quando l'ex mi aveva portato via i mobili. E infine preso un cane.

Tutte difficoltà affrontate senza fiatare, senza perdere la calma, evitando di esitare. Teresa sostiene che io ho liquidato come un incidente di percorso la donna che si era messa con nostro padre. Certa del suo ritorno, dopo undici anni lo avevo accolto con serena indifferenza, come una cosa prevedibile. Pur continuando a covare nei suoi confronti un astio che quasi sempre riuscivo a dissimulare alla perfezione. Poi però deve essere arrivato quell'uomo di cui nessuno sa niente, e solo a quel punto io ero cambiata. Per lui ero diventata un'altra. Chiusa, scontrosa, sempre più fragile.

E quando tra noi era finita, con ogni probabilità avevo chiuso la questione affrontandola con tutta me stessa, scaraventandomi contro un guardrail. Ero andata in pezzi accettando la mia distruzione. E adesso, dove sta andando la mia mente?

"Cos'è che ti fa tanto male, Rita? Cosa provi *veramente*?" mi chiede bisbigliando.

"Cosa provo? Ci tieni davvero a saperlo?" Mentre lo dico inizio ad alzare la voce. Sono fuori controllo. "Ho una sensazione di privazione totale, hai presente? No, non credo. È come se tutte le persone del mondo fossero felici al posto mio. Realizzate e felici dentro perfette vite di merda che io non posso avere. Gli altri sono persone che io non posso essere. Il mondo è un posto dove io non posso vivere!"

"Lo sai bene che non è così, non urlare" dice Teresa con gli occhi pieni di lacrime, sbirciando la fede al proprio anulare. "E poi queste cose raccontale a Elena, per piacere. Te lo dirà anche lei che non è così. Che ti sbagli."

"Non sarà così, cazzo, ma *mi manca*! Quello che non ho avuto, *mi manca*! E mi sembra di spiarlo attraverso la finestra degli altri, ogni sera. Ogni volta che il sole sparisce e arriva il buio io sprofondo, capisci? Allora sogno di andarmi a schiantare al Muro Torto, visto che *mi manca chiunque*."

Mi blocco di colpo e smetto di parlare. Spalanco gli occhi, sono di fronte a un fenomeno eccezionale. Teresa per consolarmi mi abbraccia strettissima ma io scappo via e rapida prendo una sedia. Ci salto sopra e, prima che mia sorella possa impedirmelo, mi arrampico sulla libreria e torno con due libri.

Lo so che Teresa crede davvero che io sia impazzita perché adesso sto ridendo.

21

Mario osserva Sofia andargli incontro. Indossa un lungo camicione di lino bianco e sandali in stile caprese color rosso corallo, in tinta con rossetto e smalto. I capelli bianchi risplendono, mettendo ancora di più in risalto la carnagione abbronzata.

Di tutte le ragazze che si trovano sulla passeggiata di Puerto del Carmen è lei la più bella, anche se non è una ragazza. Si sono dati appuntamento per un caffè e vedendolo da lontano alza il braccio magro, su cui scendono tintinnando una serie di braccialetti di argento. Vittorio viene subito dietro, portando senza sforzo due borse della spesa cariche di verdure e pesce.

Quando sono uno di fronte all'altra, Sofia scansa la guancia di Mario e gli posa un bacio sulla fronte. Affascinante e un po' sfacciata, ci tiene a sottolineare la differenza di età trattandolo come un ragazzino. È quasi l'ora di pranzo e decidono di prendere un aperitivo al bar di un albergo che si affaccia sul mare.

"Perché tua moglie non è mai con te?"

"Perché abbiamo dei problemi."

Se Irene sapesse che parla con un'estranea delle loro vicende intime lo ucciderebbe. Per lei le apparenze sono importanti. Questo lo mette di buon umore.

"Bianciardi nel '70 sosteneva che la battaglia per il divorzio era di retrovia. Pensava che ci si dovesse battere contro il matrimonio, piuttosto" afferma Vittorio serafico.

Sofia scoppia a ridere e gli bacia la mano che lui tiene abbandonata sul bracciolo della sedia.

A Mario va di traverso lo spritz. Una goccia di alcol gli si infila nella trachea e per un momento pensa di soffocare. Sente un bruciore assurdo nel petto e non riesce più a respirare né a muovere un dito.

Sofia e Vittorio non si scompongono, continuano a guardarlo, a sorridere e succhiare dalle loro cannucce. Forse non si sono accorti del suo problema o magari non vogliono metterlo in imbarazzo.

Sarò uno dei pochi a morire per la buona educazione degli amici, pensa mentre cerca di non svenire.

Luciano Bianciardi, La vita agra. *Nella* BILLY *dell'ingresso in casa di Rita, prima di Calaciura.*

Cristo, ricordo l'esatta posizione che avevano i libri della mia amante e non so il numero di telefono dei miei figli.

Il suo amore per la lettura è nato alle superiori. Fino alla terza media era stato uno studente scarso in lettere, sia negli scritti che negli orali. Non riusciva a comporre niente di decente, né per stile né per tema trattato, e nelle interrogazioni non aveva mai preso più della sufficienza. La professoressa di lettere dell'istituto tecnico – Lara Macuso, una donna fragile e gentile ma dalle convinzioni inattaccabili – decise però di fare di quel ragazzo riccio e ribelle la prova tangibile che una scuola buona crea persone buone. Aveva così cominciato a dargli da leggere libri avventurosi, chiedendogli di fare dei riassunti per i compagni, e di aggiungere anche qualcosa di sua fantasia. E così lo aveva prima convinto, poi affascinato e infine rapito, fino a farne il migliore della classe. Un lettore acuto ed esigente che da lì in poi aveva esplorato generi e autori, senza mai stancarsi.

Quando aveva incontrato Rita – solo a pensarlo quel nome adesso gli fa sudare le mani – e si era accorto che avevano letto gli stessi libri, spesso riportandone opinioni identiche, era stato come scoprire la stereofonia. Un suono prima piatto era diventato avvolgente e lui, spettatore di una vera e propria rivoluzione, era stato stregato da quell'armonia. Non più solo al mondo: così si era sentito. Finalmente aveva incontrato una donna che poteva stargli accanto.

Nel frattempo ha perso il filo del discorso di Sofia. Prova a concentrarsi per capire che cosa stia dicendo. Sta ancora parlando male del matrimonio.

"Io non faccio testo, sono un caso patologico. Odio ancora la moglie di Vittorio, anche se lui in pratica non si ricorda neanche più chi lei sia. In passato, quando qualche volta l'aveva dovuta incontrare per questioni economiche, dopo la separazione, la chiamava 'quella signora'. La stronza ha perfino cercato di farlo interdire, peccato che lui ragioni in modo perfetto, a parte la memoria. Certo, per dichiararlo incapace di intendere e di volere l'amnesia da sola poteva bastare. Voglio dire, non è normale che uno si dimentichi di tutti tranne che di una persona. Poi Vittorio per fortuna ha detto al giudice quella cosa incredibile e questo ha cambiato tutto."

"Sì, ma perché Bianciardi? Perché hai citato proprio lui?" chiede Mario a Vittorio, cambiando discorso. La sua mente è rimasta alla libreria di Rita, all'ordine dei volumi così come se lo ricorda.

Sofia sorride. "Guarda che in quanto a discorsi sballati sei sulla buona strada anche tu, sai?"

"No, io sono solo un uomo addolorato e confuso" prova a scherzare lui, mettendosi una mano sul cuore con aria teatrale. Il tono, però, è amaro.

"Non ne vale la pena": Vittorio ricomincia a parlare. Ha finito di bere l'aperitivo e si è riempito il palmo sinistro di noccioline. Guarda verso il mare e tiene la mano libera sulla coscia di Sofia. "Essere addolorati e confusi: perché? Quando trovi quello che cerchi devi solo lasciare andare il resto. Altrimenti il resto ti mangia." Intanto si infila in bocca una quantità esagerata di anacardi, l'intera manciata. Poi mastica e conclude: "E a nessuno piace essere mangiato."

Sofia batte la mano sul tavolo. "Ecco, hai sentito? È proprio questo che ha detto al giudice indicando la moglie: 'Quella donna mi mangia e a nessuno piace essere mangiato.' Sorride, felice. È bellissima.

Mario non dice niente, vorrebbe saperne di più ma gli manca il coraggio di chiedere. *In pratica*, come era riuscito quell'uomo a scrollarsi di dosso il passato e ricominciare a vivere? E i soldi? I figli? I parenti? Gli amici comuni? Quando una coppia esplode tutto si sbriciola. Vittorio aveva davvero perduto la memoria o fingeva per convenienza? E Sofia? Come si era comportata mentre il suo uomo non aveva ancora deciso, prima che cambiasse idea per lanciarsi infine con lei dentro una nuova vita? Aveva atteso paziente? Implorato? Preteso ogni giorno qualcosa in più, fino a sradicarlo dall'esistenza precedente?

"Sapete che cosa facciamo adesso? Andiamo a casa e cuciniamo il pesce. Che dite?" propone Sofia, decisa a chiudere quella parentesi di silenzio, accogliendo Mario e la sua pena.

Lui pensa che sia davvero generosa. Così annuisce, chiede scusa, si alza allontanandosi per comunicare a Irene che resterà fuori per pranzo con una nuova conoscenza, anche lui ex assicuratore. Lei non dice niente, non chiede, non sembra arrabbiata né stupita. Quando chiude la telefonata, se la immagina che tira su le spalle, come a dire *non importa*. Forse è questo il segreto della resistenza del loro matrimonio: nulla sembra toccarla.

La villa di Sofia e Vittorio si trova a Los Mojones, in un punto rialzato da cui si vede sia il mare che la città vecchia. Il piccolo giardino intorno alla casa è completamente occupato da piante di strelitzia. Il portico che la circonda ha il soffitto a travi di legno e le pareti bianchissime. Grandi finestre a vetri dal telaio sottile di legno colorato di blu rendono difficile all'ospite trovare la differenza tra l'esterno e l'interno: è come guardare un acquario e insieme starci dentro.

Due comode poltrone in vimini, messe molto vicine, e una pila di libri a lato di ognuna gli rendono subito quel luogo familiare. Si guarda intorno e sospira.

Vittorio gli fa segno di accomodarsi e sparisce in casa per uscire subito con una bottiglia di vino bianco e due bicchieri. Poi rientra e accende lo stereo scegliendo un disco di Petrucciani. Infine torna da Mario, versa da bere per entrambi, si mette seduto, sorride. Dopo qualche minuto di silenzio muove una mano, la posa su quella dell'ospite e gli dà due colpetti, come a dire *forza*, oppure *svegliati*. Oppure niente.

Rivolgo a Elena un sorriso di circostanza. È amica di Teresa da molti anni ormai, dal giorno in cui la mamma è morta e lei era di turno in leniterapia. Nelle settimane successive ci era stata affiancata per un percorso di elaborazione del lutto.

Non ero mai andata agli incontri e Teresa dice che lo stesso aveva fatto nostro padre. Lei invece non ne aveva mancato neppure uno, anche se secondo la terapista era quella dei tre che ne aveva meno bisogno. Tra loro era nata una grande simpatia e da lì in poi avevano continuato a frequentarsi.

Ho accettato di vederla di malavoglia, dopo aver perso dieci chili ed essere diventata del tutto insonne. Non sono certa di voler percorrere la strada dell'analisi, ma mia sorella mi ha minacciata di non farsi più viva se non vado almeno a dieci incontri. Sono perfino svenuta in ufficio e il medico dell'azienda, che di solito non scuce un giorno di congedo, mi ha dato un permesso per malattia di due settimane. Non ce la facevo più nemmeno a tenere la penna in mano, per via del tremito. Piangevo spesso per motivi futili – un titolo su un giornale, la ricorrenza della morte di un cantante, un numero particolare in una sequenza che mi veniva dettata per telefono – e tutti pensavano fosse per il trauma.

In ufficio tutti sono più o meno a conoscenza dell'incidente e della mia amnesia. Da Matteo ho saputo che qualcuno dice che ho *perfino* dimenticato mio padre ma i più credono si tratti di un pettegolezzo, visto che ricordo in maniera esatta tutte le procedure lavorative e l'uso di Excel. E dunque il verdetto è incerto. Di sicuro c'è solo che sono molto stanca e irascibile. I colleghi hanno perciò deciso di farsi gli affari loro e di lasciarmi stare.

"Cristo santo, lo vuoi capire sì o no che *io-non-mi-ricordo-di-teeee*?"

Non avevo mai avuto uno scatto così potente. Parlare del passato con Elena, di tutto ciò che ruota intorno a quello che ho dimenticato – mio padre, lui vicino a mia madre, lui che faceva il marito e si prendeva cura di me e Teresa –, deve avermi resa ipersensibile e perciò ho perso il controllo. Sono ancora più fragile, sempre più insonne.

"Io non volevo forzarti" ha detto *padre* stamattina rimettendo in tasca le foto che mi aveva mostrato sperando di farmi tornare la memoria. Poi, tentando di mantenere un contegno ha aggiunto: "Mi piaceva soltanto che tu avessi un nostro ricordo insieme."

Con le lacrime agli occhi stava per chiudere la cerniera del giacchetto, poi però ci ha ripensato e ha tolto dal mazzetto una foto piccola. Noi due con il mare sullo sfondo, io sulle sue spalle, arrampicata come una scimmietta, e lui sorridente.

"Qui eravamo a Tarquinia, la foto ce l'aveva scattata tuo zio, il fratello di tua madre, quello che è morto di infarto due anni fa. Ti ricordi di lui?" Ho annuito. Certo che mi ricordavo dello zio Elvio.

"Eravamo stati tutto il giorno al mare, tu eri tutta rossa ma non volevi che la mamma ti mettesse il doposole. Allora mi avevi teso le mani e io per farti scappare da lei ti avevo tratta in salvo sulle mie spalle. E tu avevi alzato le braccia al cielo, vittoriosa, strillando forte."

Io ho iniziato a scuotere la testa, da prima piano poi sempre più forte. Ancora carinerie. Di nuovo senso di colpa. Di nuovo obbligata a volergli bene, anche se non so chi sia. Cosa voleva dimostrare, di essere stato un bravo padre perché una volta mi aveva presa sulle spalle?

Cristo santo, lo vuoi capire sì o no che io-non-mi-ricordo-di-teeee?

Prima l'ho pensato e poi urlato. O forse non mi sono nemmeno data il tempo di pensarlo, ho urlato e basta.

Lui allora ha messo la foto sul tavolo strisciandola un poco, come avrebbe fatto un giocatore di carte. Sembrava volermi dire *questa almeno tienila*. Ma non lo ha detto. È uscito e basta.

"Che ne pensi, sono una stronza ad averlo trattato così?" chiedo sei ore dopo a Elena durante la terapia, con aria di sfida.

"Tu come ti senti? Stronza?"

"Eh no, bella mia. Se cominciamo a rispondere alle domande con altre domande me ne vado subito."

"Io penso che ti manchi qualcosa. Ne abbiamo già parlato, mi pare. Quell'uomo che non ricordi. La rabbia che provi per lui la stai riversando su tuo padre. Ma non sentirti colpevole, è parte del percorso."

"Sai che cosa diceva Wallace?"

"Chi?"

Gesù, una laurea in Psicologia e non sai chi sia Wallace.

Prima di rispondere, le rivolgo un sorriso saputello. "David Foster Wallace è il più grande scrittore americano contemporaneo. Cioè, *era* il più grande scrittore americano contemporaneo, visto che si è ammazzato per colpa della depressione e di tutta una serie di motivi letterari e personali che nessuno ha mai ben capito. Lui aveva scritto una frase che è rimasta nella testa a molti, dicono sia una specie di esternazione sulla malattia che lo stava divorando. Insomma, in un romanzo aveva fatto dire a un personaggio: 'Mi manca chiunque.' Ecco, io sono messa allo stesso modo."

"E dunque, se ti manca chiunque, ti manca anche qualcosa di te stessa."

"Soprattutto. Perché quello che non so più di me è diventato fondamentale e non mi dà pace. Io mi rendo conto che deve esserci stato qualcuno, arrivato così in profondità dentro di me da essersi fuso da qualche parte con la coscienza. Ho cercato di buttarlo fuori dalla mia vita e con l'incidente l'ho dimenticato ma lui non se n'è andato. Mi fa stare male, si ripresenta come sensazione di mancanza. Di cosa, non so. È questo il brutto della faccenda. Mi manca qualcosa, e non sapendo che cosa, o chi sia, mi fa mancare anche tutto il resto."

"Pensi mai al suicidio?"

Dopo questa domanda Elena rimane in silenzio. La risposta è sospesa sulle nostre teste.

Lo sa che è pericoloso da chiedere. Eccolo il mistero, quello che tutti vogliono sapere di me, io per prima, ed è una domanda che lei mi ha appena rivolto al presente. Non se io ci abbia mai pensato. Se ci penso *adesso*. È il grande dilemma, il motivo per cui Teresa è così preoccupata e ha tanto insistito perché venissi in terapia.

Elena deve aspettare un po' per avere una risposta: "Wallace si è impiccato. È stato un cataclisma per la letteratura mondiale. Mi sa che aveva le sue ragioni. In fondo tutti quelli che si ammazzano ne hanno una, no? Lui era depresso. Hanno tentato anche un'analisi psicanalitica del gesto. Se ti impicchi dicono che a livello simbolico stai emulando Giuda, e dunque che sia un atto legato al senso di colpa. Nell'inconscio pensi di aver tradito, un'idea o una persona. Be', magari sono psicocazzate. Te l'ho detto, no, che sono fissata con la lettura?"

Lei annuisce, prova a sorridere e intanto mordicchia il lapis.

"Ti ho detto anche che quando leggo ricordo tutto? Cioè, non tutto tutto. Però alcune cose che trovo e mi colpiscono, se le rivedo scritte in modo simile in un altro libro, anche a distanza di anni, le collego di colpo. Mi vengono in mente perfino i numeri delle pagine in cui stanno scritte. Un fenomeno assurdo. Be', quando si è suicidato io ho iniziato a pensare di continuo a Wallace. La sua scelta di morte mi appassionava in modo totale, questo fatto che tutti si affannassero a scriverne per cercare di spiegarne la fine in apparenza senza senso. Era amato, celebrato, ricco, famoso, con una moglie bellissima e due bambini piccoli. Ma la depressione è questo che fa, no? Dicono cambi il cervello perfino a livello cellulare. Qualcuno però ha supposto che sentisse di aver avuto successo senza merito. Bravo per emulazione, per posa, per capacità di usare le parole in quanto superintelligente. Ma che forse questo non gli bastava. E dunque si era impiccato, come Giuda. Wallace pensava di aver tradito il proprio dio che era la letteratura? Soffriva leggendo altri scrittori meno intelligenti ma più veri di lui? Meno bravi ma più felici? Uno scrittore *dovrebbe* essere felice di scrivere, perché se quella è la sua vita, se ce l'ha dentro, forse riesce a sollevarlo da qualsiasi dolore. Non credi? È una mia idea, si intende. Oddio, sto divagando. Insomma, un giorno, per cercare di capire meglio questo fatto, ho letto tutte le recensioni che lo riguardavano, tutti i post sui blog letterari. E uno di questi citava la frase che ti ho riferito. Allora mi sono precipitata a leggere il romanzo. Wallace fa dire a un personaggio di aver provato questo senso di mancata appartenenza – alla stirpe umana, alla comunità e alla famiglia – mentre una famiglia invece ce l'aveva. Hanno detto che si riferiva a sé stesso e alla depressione di cui soffriva. E se invece ci fosse dell'altro?"

Elena ha cercato di starmi dietro scrivendo veloce. Povera stella, ora le fa male la mano, la apre e la chiude. Fa anche una faccia strana. Chiaro che non capisce dove io voglia arrivare.

"Perché, vedi, quella è anche la frase che chiude *Il giovane Holden* di Salinger. Controlla, se vuoi, è all'ultima pagina, edizione Einaudi. Wallace la fa sua da un libro in cui il concetto di sentirsi solo dentro una famiglia è portante. Salinger ci ha impiegato un romanzo per descriverlo e quell'altro con il suo meraviglioso cervello depresso che cosa fa? Ce lo spiega in tre righe. Non potrebbe essersi sentito in colpa anche per questa sua capacità? Per scrivere in questo modo ciò che vedeva e pensava? Per aver in fondo tolto al lettore la possibilità di immaginare? Non so quanto questo ti interessi, tu vuoi sapere se penso al suicidio, giusto? Sì, ci penso di continuo. Però non al mio, a quello di Wallace. Ma in fondo è lo stesso, no?"

23

Il pranzo è stato eccellente, Sofia ha preparato alla svelta una specie di pappa col pomodoro accompagnata da frutti di mare. Hanno bevuto due bottiglie di vino di Ansonica che Vittorio si fa spedire da un vecchio amico dell'Isola del Giglio e sgranocchiato qualche verdura cruda in pinzimonio. Gelato e frutta per finire. La conversazione è stata brillante, anche se ha parlato soprattutto la padrona di casa.

Vittorio ora la guarda mentre spiega, disserta, agita le mani, tira i capelli dietro l'orecchio destro. A tratti sembra divertito ma anche ammirato e commosso. Mario si chiede come potrebbe essere vivere ogni giorno della vita con una persona e continuare a provare sentimenti come quelli. L'intesa che c'è tra i suoi nuovi amici è densa, reale come le strelitzie del giardino o l'odore dell'oceano, eppure ha in sé qualcosa di sovrannaturale.

"Adesso ti facciamo vedere una cosa."

Sofia, dopo aver finito il caffè, si alza in piedi e prende per mano tutti e due. Vittorio si schermisce un poco e lei lo deve tirare, ma pare un ennesimo gioco tra loro, piuttosto che un vero tentativo di resistenza. Lei non aggiunge altro e guida gli uomini con dolce fermezza attraverso la casa. Dal salotto salgono sei scalini per arrivare su una specie di ballatoio interno, circondato da una ringhiera a sottili listelli di legno.

"Ecco," afferma con semplicità indicando a Mario con un piccolo ma teatrale movimento della mano la parete di fronte a loro "guarda, questo è il lavoro di Vittorio."

Si trovano davanti a grandi dipinti che si potrebbero dire di Pollock, con strati e strati che si sovrappongono, si inseguono, si accoppiano sulla tela. Tutto sembra coerente, nemmeno un grammo di materia fuori posto. I quadri sono bellissimi, Mario deve spalancare gli occhi per assorbire quel colore. Girando lo sguardo sulle pareti si accorge che i dipinti sono almeno una ventina, più o meno grandi. Fatti forse a colpi di spatola, si somigliano nella tecnica ma sono completamente differenti tra loro. Si avvicina fino quasi a mettere il naso su quello che gli piace di più. Vorrebbe fare un commento appropriato ma non trova le parole. Sa che definire *bello* un dipinto è sbagliato.

Rita glielo ha spiegato molte volte che il bello è un concetto relativo, e che per avere senso deve essere contestualizzato, inserito all'interno di un percorso; che si deve capire l'intenzione dell'autore e la sua storia artistica, prima di cercare di darne una definizione. Ma in questo momento lui si sente così emozionato che desidererebbe dare voce a ciò che prova. Gli sembra di vedere sulla tela dei corpi e dei capelli strappati, macchie di sangue caldo e d'oro lucido, denti bianchi e minuscole figure che, se le perde di vista appena un istante, ne formano altre. Tutto gli sembra vivo e in movimento. Eppure sono soltanto chiazze di colore, piccoli schizzi. Hanno però una loro logica ferrea, niente potrebbe essere spostato senza cambiare senso al resto.

È bello e basta, non c'è altro modo in cui poterlo chiamare, vorrebbe dirlo con forza ma si sente banale. È bello al punto che gli piacerebbe urlare. Quell'energia ha a che fare anche con lui, con la sua storia e con la disperazione che prova. È fatta di cose strappate a forza, di possibilità inespresse, eppure vive, ma non ancora reali. Il caos di ciò che potrebbe nascere ma non trova una strada. Energia utilizzata male, sempre sul limite della svolta, in eterno. In fondo è ciò che pensa di sé stesso: una vita costretta dentro qualcos'altro, limitata da un bordo e da una cornice. Così alla fine rinuncia, non dice niente, lo indica e basta.

Vittorio annuisce. "Credo di averlo dipinto quando pensavo che non ce l'avrei mai fatta a stare con Sofia. Potrei averci messo dentro anche un po' del mio sangue. O magari dello sperma. Non me lo ricordo. Comunque bravo, ottima scelta. È il più disperato, quindi il più vero." Accompagna la spiegazione con un leggero tocco sulla sua spalla.

"*Undying Heart* è l'unico con la cornice," interviene lei "anche se Vittorio non era d'accordo e non la voleva. Dice che dentro quattro legni in croce i suoi dipinti sono prigionieri. Ma questo era mio, è stato il suo primo regalo, e ho deciso di metterla lo stesso. Ho usato il fasciame di una vecchia barca di mio padre, ed è diventato il mio talismano."

Mario si gira verso Vittorio, che nel frattempo si è avviato verso la camera da letto senza dire niente.

Sofia si porta il dito indice alla bocca, invitandolo al silenzio, e comincia a scendere le scale. "Vieni. Vittorio adesso ha bisogno di riposo. Noi prendiamoci un caffè."

La donna, girata verso l'acquaio, prepara la moka. Quando si volge, a Mario sembra molto più stanca di qualche minuto prima. Non sorride più, si è rabbuiata.

"Allora, cominci tu a raccontare o vuoi che inizi io a chiederti qualcosa?"

Lo stesso stato d'animo si ripete un giorno dopo l'altro, come un pendolo che oscilli tra l'apatia e la sofferenza. Mi sento controllata da Teresa, dall'analista, da mio cognato e perfino dai miei nipoti, che quando ci sono io sembrano più quieti del normale e trascorrono il tempo a osservarmi neanche fossi un vaso con i pesci dentro. Scrutano. Pare che siano tutti in attesa di qualcosa.

Anni fa, con l'avvento dei social, avevo cominciato a usare Facebook e aperto anche un profilo Instagram, ma adesso trovo noioso e banale tutto quanto.

Da quando ho avuto l'incidente, su Facebook sono entrata soltanto una volta e sono scappata dopo aver letto un centinaio di messaggi di auguri di pronta guarigione. Alcuni pregavano invocando su di me la misericordia di Dio. Mi hanno perfino taggata su un'immagine di Padre Pio. Una forma di violenza su cui non mi sono data neanche la pena di discutere, togliendo il tag e l'amicizia all'imbecille che lavora al piano sopra al mio. Poi ho chiuso l'account.

Se ci fosse un dio davvero buono mi avrebbe lasciata al Muro Torto. E se davvero tutti quegli "amici" fossero stati amici, avrebbero dovuto conoscere le mie idee in fatto di religione.

Un'agnostica che sta cercando di migliorarsi. Quasi atea.

Quando queste parole mi sono rimbalzate nel cervello, l'ho capito subito che non erano mie.

Di chi sono?

Dell'uomo che sto cercando, forse. Non lo sto cercando: lo aspetto, che è pure peggio. Attendo che qualcosa squarci il ricordo e mi riporti la pace. Anche la tendenza a mangiare cibi che non amo, come il peperoncino, o a bere birra amara, non mi appartiene e viene a farmi visita all'improvviso. Lo riconosco come un impulso non mio ma, allo stesso tempo, non so – non voglio – resistergli. Ho letto che una cosa del genere può accadere ai trapiantati. Gente che comincia a vivere seguendo i gusti del cuore di un altro.

Devo dire qualcosa che forse ha detto un altro.

Devo mangiare quel cibo piccante che mi disgusta.

Devo bere la birra amara che mi fa accapponare la pelle.

Come se dentro di me abitasse qualcuno.

Ho spiegato bene all'analista ciò che provo. Torno alle parole esatte come a un saggio di bravura mandato a memoria per la scuola.

Mi manca qualcuno che non conosco e che non so dove cercare, perciò mi manca chiunque, io per prima. A partire dal mio interno, questo vuoto si ingoia tutto e mi fa fare cose senza senso. Io le eseguo perché spero così di arrivare da qualche parte, ma non ne viene fuori niente. Non so più che cosa mi piaccia per davvero, mi confondo. Perciò provo a fare di tutto.

"Tutto cosa?" mi ha chiesto Elena durante l'ultima seduta.

"Azioni che di solito non faccio, pensieri che non mi appartengono. Ho anche provato a dipingere."

"Paesaggi?"

"No, non saprei dipingere paesaggi, credo. Disegno macchie di colore. Schizzi che butto sopra la tela. Poi ci ritaglio dentro piccole figure. Tipo Haring, hai presente?"

La settimana scorsa mi sono venuti dei forti crampi al basso ventre e sono andata dalla ginecologa. Mi ricordavo alla perfezione di Stefania, perciò mi sono rivolta a lei senza esitazioni. Avevo chiaro in mente quanto fosse gentile e amorevole, sempre sorridente, ma molto diretta e quasi tagliente nelle sue esternazioni. Quindi sincera.

"Ste," le ho detto appena entrata nel suo studio "io non ricordo più niente. Cioè, non ricordo alcune persone importanti."

Lei ha fatto una specie di smorfia. "Non ti ricordi più neanche del sesso?"

"A che cosa ti riferisci, al sesso come atto? Con qualcuno in particolare? O vuoi sapere se mi ricordo che dovrei fare sesso? Se ho atteggiamenti anomali, tipo se mi masturbo?"

"Figuriamoci se può esserci qualcosa di anomalo. Rita, tutti ci masturbiamo. Cominciamo a farlo nella pancia della mamma. No, voglio solo sapere se ti ricordi del sesso che facevi prima dell'incidente. E anche se adesso lo fai con qualcuno, certo."

"Ah, ecco. Una cosa per volta. No, non mi ricordo del sesso prima del Muro Torto. E adesso non ne faccio. Sono quasi zoppa, ho una cicatrice sul volto e sto di merda, sarei una pessima compagnia per chiunque."

"Sì, certo, capirai chi te se pija. Accomodati sul lettino, mostro. E falla finita, scema."

È riuscita a farmi sorridere. Mi ha visitata, facendomi anche un'ecografia interna.

"Sei in forma perfetta" ha poi detto mentre scriveva la ricevuta "per essere una a cui mancano tanto *certe cose*."

Un luogo. *Sesso.* Che cos'è, il sesso? Tende bianche e un copriletto in una casa sconosciuta. Un uomo senza volto, riflesso in uno specchio, che mi prende da dietro.

25

Sofia gli serve il caffè e tace. Aspettando che si decida a cominciare, lo guarda a lungo negli occhi. "D'accordo, visto che stai zitto, dico io qualcosa."

Lui annuisce.

"Sei qui a Lanzarote con tua moglie, giusto?"

Di nuovo fa segno di sì.

"E non la ami."

Ancora un assenso.

"Be', è normale. Come si fa ad amare una moglie o un marito. È gente che ti sei messo addosso per contratto. Con una firma, come comprare una casa o una bestia al mercato. La casa si vende, la bestia si vende. Il coniuge sei costretto a tenerlo, almeno in teoria." Scuote la testa per ribadire la propria disapprovazione.

"Tutti si sposano, prima o poi" è il solo tentativo di difesa che trova.

"Io non mi sono mai sposata," ribatte Sofia "la considero un'usanza incivile, qualcosa che riguarda patrimoni, mantenimenti e ricatti. Ma non ti incolpo, quasi tutti lo fanno. Conosci il mito di Platone, no? L'essere perfetto diviso in due dall'invidia degli dèi che si aggira per il mondo in cerca della metà perduta. Gli antichi greci sapevano già tutto. Con questa speranza, la maggior parte dell'umanità resta incastrata in qualcosa di assurdo. Comunque veniamo a te. Sei a Lanzarote per..."

"I soliti motivi. La crisi del lavoro. La pensione ormai vicina e che a Roma non mi sarebbe bastata. Non volevo ridurmi a mangiare caffellatte tutte le sere."

Lei scoppia a ridere. "Cazzate. Questa retorica della fuga dall'Italia è patetica. Se stai bene puoi mangiare anche formiche e neanche te ne accorgi. Se sono i soldi che mancano, trovi il modo per farne, oppure spendi di meno."

Guarda Sofia come se la vedesse per la prima volta. In condizioni normali odierebbe una donna tanto arrogante. Ma lei è anche quella tenera e risoluta che ha aiutato il proprio compagno senza imbarazzo e con gioia; e che ha accolto uno sconosciuto per ascoltarne i problemi.

"Prima o poi mi dirai anche chi hai lasciato in Italia, suppongo. E dunque il motivo della tua tristezza. O dovrei chiamarla *disperazione*?"

Lui fa una smorfia che da sola vale un'ammissione. Inspira una grande quantità d'aria, come se dovesse fare un tuffo, e comincia. Le racconta come ha conosciuto Rita, dei suoi capelli rossi e del fisico da ragazzina. Aggiunge una quantità di dettagli, che vanno da come preparava il caffè – facendo una piccola montagna di polvere prima di chiudere la macchinetta – al modo in cui si asciugava i capelli, piegata a novanta gradi, e in estate non li asciugava affatto.

"Diventano ricci ma in modo strano. Sembrano trucioli" le dice.

Usa verbi un po' al passato e un po' al presente, mette insieme idee alla rinfusa. Le parla dei suoi occhi azzurri, dei capillari sulle gambe, della *Canzone di Marinella* perché lei ama De André e la canta sempre, della quantità assurda di libri che divora e di quanto sia brava a invogliarlo a leggere le stesse cose; del suo muovere le mani per drammatizzare; della morte della madre e dell'abbandono del padre; di quanto si applichi in tutto quello che fa: studiare, cucinare, lavorare; e di come non si stanchi mai, per via del senso del dovere ma anche perché le piace fare le cose per bene. Come a lui, del resto. Le dice che è curiosa, che vorrebbe tanto viaggiare ma non le riesce, non quanto desidera, perché ha pochi soldi; e di come sia gelosa dei molti viaggi che invece lui ha fatto, al punto da aver preso su Facebook delle foto che lo ritraggono insieme alla moglie, ritagliando il volto di lei e sostituendolo con il proprio. Era una pazza.

Continua così parlando a lungo, riversandole l'immensa mancanza che prova e che non ha confessato fino a quel momento nemmeno a sé stesso. Cerca di svuotarsi per ritrovare pace, invece più va avanti nella descrizione e più sta male. Come se reinventasse la vita da capo con gli stessi errori, senza poterne uscire, rivedendo un film dimenticato dai tempi dell'infanzia, di cui però in una piega remota della mente ricorda ogni battuta. Tutto è già visto ma trasmette comunque un'emozione originaria. Solo il finale è scontato. Il finale è Lanzarote.

E mentre racconta prova piacere, si commuove, si accalora. Il suo volto, come una maschera morbida, si modella.

"Puoi piangere, se vuoi" dice infine lei accendendosi un sigaro.

Lui fa di no con la testa ma rimane zitto, sfinito. Sofia, così bella, abbronzata e profumata, con il sigaro in bocca, è immensa. *Come fa a stare con un vecchio rimbambito come Vittorio?* È madre, giudice, sirena, maga, angelo. È tutte le donne che ha amato e anche odiato.

"E il sesso?" gli chiede fissandolo.

Gli piace quella domanda. Rimane zitto qualche minuto e lo trascorre fissando la parete. Poi tira indietro la testa fino a incrociare con gli occhi il dipinto di Vittorio appeso in alto sul ballatoio.

“Il sesso con Rita è rimasto sconosciuto perfino a me. Lo era anche mentre lo facevamo. È così che si dice: fare. Ma per noi era prima un’invenzione della mente e dopo un progetto. Poi lo costruivamo come un palazzo. Quando infine lo avevamo *fatto* era lì, ancora reale, palpitava e noi ne parlavamo come di una creatura. Era qualcosa di cui ci sentivamo orgogliosi, anche se non riuscivamo a definirlo. Come era possibile creare tanta gioia solo da un miscuglio di corpi? Dove erano andati a finire i suoi piedi? E le mie mani? Perché sentivo il bisogno di stare attaccato a lei, dentro di lei, riuscendo solo così a trovare pace? Sofia, cazzo, hai presente la pace? Tornare in quel luogo in cui nessuno può farti del male. Sentirsi parte di qualcosa che pulsa e vibra anche nel buio e che dalla penombra ti rassicura. Ascoltare il battito di un cuore che è tuo, anche se non sta dentro di te ma all’interno di un’altra gabbia toracica. Lo facevamo per ore, lo facevamo sempre. All’inizio non riuscivamo a staccarci, a malapena mangiavamo. Ci guardavamo e ci tornava la voglia.

È sempre stato diverso, magari solo per un dettaglio ma cambiava di continuo. Con lei diventavo capace di orgasmi lunghissimi e multipli. Non era mai stanca, non era mai sazia. Non aveva mai nessun problema. Mi accoglieva, la prendevo. E non c’era altro. Non ho trovato il coraggio di raccontarlo nemmeno al mio medico. Come avrebbe potuto credermi, se io per primo stentavo a considerarlo normale? Galleggiavo in mezzo alle sue gambe o al suo culo, il mio cervello usciva dalla capacità sensoriale e spaziava per la stanza. Lì ci incontravamo, fuori di noi, mentre i corpi godevano. Liberi. E andava avanti così per l’intera giornata, io arrivavo al piacere anche per una, tre, sette volte consecutive. Senza una costante, perché io e lei eravamo solo variabili: potevo durare per un’ora e la volta dopo un secondo e quella dopo ancora chissà. E lei era lì. Meravigliata, eccitata, vicina, calda, piena di fantasia. Tutto sembrava perfetto vicino a quella donna. E rendeva merda il resto. Una serie interminabile di giorni per arrivare al venerdì e potersi dissetare. E alla fine quasi la odiavo, visto che non potevo averla come avrei voluto."

Sofia annuisce. "E infatti l'hai lasciata."

Dietro la porta semiaperta del bagno, Teresa mi sta guardando. Capirai che panorama. Ma lei, nonostante tutto, sostiene che io sia *ancora* una bella donna. Nella scelta delle parole mia sorella non possiede una sensibilità spiccata, non c'è niente da fare. Secondo lei dovrei cercarmi una compagnia, svagarmi. Non può essere così difficile trovare qualcuno con i miei gusti: lettura, arte, cose noiose ma tranquille.

Hanno pure provato a presentarmi uno adatto: l'amico di un'amica di Elena, anche lui in terapia. Bell'uomo, interessante e sportivo. Buona posizione. Ci hanno fatti incontrare a una mostra sul Rinascimento alla Galleria Borghese. Teresa si era portata anche Giovanni e i ragazzi ma erano restati tutti a debita distanza, sempre una sala indietro, per non intralciare.

A fianco del mio accompagnatore, avevo visitato la mostra come se mi stessero trascinando al mercato per vendermi, con passo lento e svogliato, insistendo sulla zoppia, a tratti impuntandomi. Sempre zitta o al limite monosillabando. Quel che si dice un'interlocutrice eccitante.

Teresa doveva aver pensato che fosse comunque un buon tentativo e che da qualche parte si dovesse iniziare. In seguito mi ha raccontato di aver notato che il tipo mi guardava di sfuggita anche il sedere. Un'occhiata al dipinto e una al fondoschiena. Poco romantico ma almeno a quello era interessato.

Poi eravamo arrivati davanti al dipinto di Amore e Psiche e un minuto dopo lui non c'era più. Teresa mi aveva guardata con aria interrogativa e io, alzando le spalle, le avevo fatto un sorrisetto.

Boh. Se ne è andato.

Non potevo certo dirle che se uno non sa niente dei miti greci non dovrebbe andare alle mostre ma piuttosto a fare in culo, più o meno dove io lo avevo mandato non senza un certo garbo; perché il mito, se non lo conosci e invece vuoi guardarlo in faccia, e magari farti bello illustrandolo agli altri, è capace di inseguirti e prenderti per i capelli. Così poi qualcuno riesce a spiegare a te, testa di rapa con una gran posizione nella vita ma lettore appassionato soltanto di guide Michelin, che Amore è bello al buio ma alla luce anche di un solo lumino si brucia e se ne va. Non resiste alle cose banali della vita quotidiana, quasi mai. E nemmeno alle battute di spirito sull'arte.

Amore scappa.

Come tutte le più belle cose che durano solo un giorno come le rose, come Andrea che s'è perso e non sa tornare. Parole che ho già sentito ma non ricordo con chi né dove, so solo che sono di De André e adesso mi urlano dentro che l'Amore deve essere protetto e conservato. Se ne deve aver cura. Altrimenti scivola nel fiume a primavera.

Altrimenti va a schiantarsi a centoventi all'ora dentro al Muro Torto.

Sono tornata a casa esausta, accompagnata dai miei, dissimulando delusione e dolore fisico.

"Grazie di tutto, sto benissimo. Sì, che peccato. Pazienza, si vede che non era quello giusto." E ho spento il sorriso sulla soglia, dove nessuno poteva vedermi.

L'idea degli appuntamenti è stata archiviata alla svelta, come un incidente di percorso sulla strada della guarigione.

27

Mario è stanco ma non vuole tornare a casa. Con Sofia hanno parlato a lungo. Lei pareva avere una risposta a qualsiasi domanda. E poi loro sono un grande esempio, pensa quando li osserva. Gli mostrano che cosa sarebbe potuto accadere se avesse accettato la felicità. È naturale mettersi nei panni di Vittorio e immaginare Rita in quelli di Sofia. In mezzo a cose molto belle e a mucchi di libri da leggere; che vanno a comprare il pesce al mercato e discutono su come sia meglio cucinarlo, se con l'aglio o senza. Insieme nel sonno, mano nella mano.

Si permette questi pensieri mai fatti in Italia, quando invece tutto era raggiungibile, semplice da ottenere. Rita lo aveva supplicato di trovare un modo per trascorrere insieme almeno qualche fine settimana. Lei seguiva la propria elementare logica da amante. La faceva facile.

"Se con tua moglie non hai più rapporti, se davvero tra voi è finita, perché non ti prendi un po' di libertà? Inventa un hobby, magari andiamo a pesca, in montagna a passeggiare. Dille che vuoi rilassarti e stare da solo, lei non ci troverà niente di strano."

"Capirai, io e lei finora abbiamo diviso tutto, mai vacanze separati, perfino per togliere qualche soldo dal conto in banca devo fare i salti mortali. Figurati se non si insospettisce."

Poi cambiava discorso. A un certo punto lei si era stancata di chiedere. E da lì in poi l'aveva trovata ad accoglierlo sorridente ma con occhiaie sempre più profonde. A volte anche un po' trasandata, meno sexy. Una specie di seconda moglie, e questo lo innervosiva.

Mentre aspettavano che Vittorio si risvegliasse dal pisolino pomeridiano, tra lui e Sofia era sceso un momento di silenzio, come è normale tra due che si conoscono appena e che hanno, in modo inaspettato, condiviso confessioni. Lei ne aveva approfittato.

Così si era svuotato, fino a che non aveva avuto più niente da dire. Spossato e smanioso, sarebbe voluto uscire da quella casa e correre urlando il nome del suo amore. Arrivare da Irene trafelato e dirle in faccia che se ne andava, senza paura. Tanto, peggio di così non poteva stare. Ma quale pensione, quale futuro.

Era rimasto fermo, invece. Quasi immobile. Se fosse andato via da lì forse sarebbe sparito tutto. Il giorno seguente sarebbe tornato a cercare i suoi nuovi amici e avrebbe magari scoperto che non esistevano, che erano solo fantasmi creati dalla sua fantasia. Per consolarsi non gli sarebbe più rimasta nemmeno la felicità degli altri.

Sofia aveva interrotto la pausa: "Hai provato a cercarla?"

Era rimasto un po' in silenzio.

"Sì. Ma al telefono non è raggiungibile. Ho provato ad avere sue notizie, l'ho cercata sui social ma è sparita anche lì. Deve avermi bloccato ovunque: Instagram, Twitter, WhatsApp, Facebook. Lì ho provato anche con il profilo di mia moglie, ho la sua password. Ma niente. Mi sa che ha addirittura cancellato l'account. Incredibile, ora basta un clic e una persona può svanire di colpo. Quando ci siamo conosciuti era tutto diverso. Le scrivevo dei biglietti e prima di andare in ufficio glieli mettevo nella cassetta delle lettere. Un corteggiamento bellissimo e appassionato."

Il volto di Sofia aveva preso un'espressione distante. "Poi hai smesso?"

"Sì, dopo qualche mese. La situazione si era normalizzata, avevamo già una specie di tran tran. Ci vedevamo il venerdì, ci mandavamo SMS. Qualche telefonata mentre andavo in ufficio, così mi teneva compagnia e nel traffico mi distraevo, evitando di sbroccare. Ma dentro di me comunque continuavo a scriverle e a corteggiarla come prima, perché l'amavo."

"La *ami*, mi pare."

Mario si era preso la testa tra le mani.

"Come ci sei arrivato qui, esattamente?"

"È stato per via di una specie di sfida tra me e Irene. Una sera a casa di amici tutti avevano cominciato a lamentarsi per le condizioni di vita dei pensionati in Italia. Abbiamo iniziato a calcolare quando avremmo smesso di lavorare e con quale cifra ci sarebbe stato da tirare avanti. È stato desolante, credimi."

"Capisco bene."

"Figurati che quella mattina avevo appena saputo di non essere riuscito a prendere un premio di produzione di cinquemila euro e di aver fallito l'obiettivo per pochi spiccioli. Non hai idea di quanto mi girassero i coglioni, ero fuori dalla grazia di Dio. Con quei soldi avevo già pensato di mandare in viaggio i ragazzi e di fare un piccolo regalo a Rita. Così dopo cena ho detto a mia moglie di informarsi, per vedere come fosse la situazione a Lanzarote. Lei sta sempre su internet a cercare stronzate. Credevo si sarebbe dimenticata come al solito, e invece il giorno seguente mi ha messo sotto il naso un foglio. Cifre, proiezioni, tassazioni sui redditi, costo delle abitazioni. E aveva già scelto un'agenzia, prenotando per Pasqua un viaggio esplorativo."

"Brillante."

"No, calcolatrice. Tra noi non ci sono più rapporti da anni. Poco sesso e niente in comune, a parte i figli. Non mi piace stare con lei, riduco al minimo le occasioni. Lei lo sa. Forse le interessa, forse no. Ma ha comunque preso la palla al balzo. Credo volesse mettermi alla prova, farmi un dispetto e capire se, dopo aver sbandierato le mie intenzioni di fuga, mi tiravo indietro. Le sarebbe piaciuto dimostrare che sono un cazzaro."

"E a Rita che cosa hai detto?"

"Che per Pasqua sarei andato in Liguria, a passare il ponte dai suoceri. Lei non l'ha presa né bene né male, solo con un po' di tristezza. Poi quando con Irene siamo arrivati qui, lontano da lei mi sono sentito di colpo felice. Ritemprato. Ho pensato che a Lanzarote, grazie al silenzio, al mare, al vulcano, alla natura e altre stronzate del genere, avrei trovato la pace. Credevo che la vita, priva del senso di inadeguatezza che lei mi generava, sarebbe stata il paradiso. Invece è l'inferno trasformato in una villetta e in un conto corrente che non si esaurisce a fine mese. E io non ci capisco più niente."

Sofia si era concessa una pausa di qualche minuto in cui si era versata un dito di rum e accesa un altro sigaro. Poi si era accomodata sulla chaise-longue.

"Per una donna innamorata il tempo è scandito dalla vicinanza al proprio amante. Il periodo della separazione la sospende, non solo da lui ma da ogni altra cosa. Sembra viva, ma in realtà finge di esistere. La sua giornata scorre sulla filodiffusione di come sarà quando rivedrà quell'uomo sfuggente e di quando – e se – potrà accadere il miracolo per cui lui smetterà di scapparle. Dentro le si apre uno spazio, che è quello dell'attesa, dentro cui può precipitare. Specie se nella sua vita ci sono state altre voragini, altre sospensioni. Di solito chi ha sofferto di abbandono è bravissimo a replicare questo tipo di dolore: è la sola unità di misura dell'esistenza. In maniera paradossale, è la cosa più importante che ha. Lo odia eppure non sa separarsene. Il male è comunque una sicurezza, se non si ha altro."

Lui era restato a occhi chiusi sulla poltrona. E lei non aveva aggiunto una parola.

È un venerdì di merda, prima di notte deve tornare a casa, sul cellulare ha già due chiamate di Irene a cui non ha risposto. È ora di andare.

Per fortuna mi hanno fatto rientrare al lavoro, non ho neanche aspettato che finissero i giorni dati dal medico dell'azienda.

È meglio così, ho passato troppe ore nella mia stanza, davanti alle librerie, accarezzando la costa dei volumi e cercando di decidere se fosse il caso di ordinarli in maniera diversa. Non solo per autore e data di pubblicazione ma anche per casa editrice. Magari suddividendo tra narrativa italiana e straniera. E all'interno di quella, tra poesia e prosa. E i saggi? Certo, con la prosa. E gli argomenti? Il teatro in alto a sinistra. In basso invece i volumi di storia dell'arte, a metà tutto il resto. Nella BILLY accanto al letto ci sono tutti i miei libri preferiti. Voglio che siano la prima cosa da vedere al mattino. Per Stephen King ho un intero ripiano. Sotto, Simenon dei romanzi non polizieschi. Non amo Maigret. Poi, a metà, tutti i libri che mi ha restituito la vicina.

Ricordo il giorno del loro ritrovamento con lo stesso stupore con cui un bambino ripensa a un gioco di prestigio.

Dora aveva appoggiato i volumi sul tavolo, con un movimento lento per timore che potessero caderle. Avrei potuto aiutarla ma ero rimasta immobile senza respirare, poi la sensazione di calore alla pancia mi aveva travolta. Mi ero ritrovata ad allungare le braccia come per creare una diga di felicità tra i miei libri e il mondo.

Avevo sfogliato ognuno di quei tesori. Dal romanzo di Lodoli in modo inaspettato era volato via un papavero, che impalpabile aveva attraversato mezza stanza per andare a posarsi nel centro di una mattonella bianca. In aria pareva un insetto esotico, poi a terra si era invece trasformato in una grande goccia di sangue secco. Non sapendo come fare a recuperarlo, avevo sbarrato gli occhi in una muta richiesta di aiuto. Allora Dora, in silenzio, mi aveva fatto segno con la mano: *aspetta*. Aveva preso una vecchia cartolina che teneva con la calamita sul frigorifero, si era messa carponi, povera donna, e aveva soffiato sul fiore trasparente che, indeciso, era avanzato a scatti, un centimetro alla volta, verso il rettangolo. Lo aveva riportato piano verso il tavolo e lo aveva rimesso tra le prime pagine del libro aperto tra le mie mani. Poi mi aveva guardata, forse per essere certa di aver fatto la cosa giusta. Teresa di certo l'aveva avvisata di essere cauta, per via dei miei vuoti di memoria. E questo era il suo modo di aiutarmi, camminando lenta sul vetro.

Avevo sorriso, poi lo sguardo mi si era abbassato sulle pagine. C'era una dedica: "A una ragazza speciale, che in un giorno di maggio mi ha rubato il cuore."

Sotto, le iniziali M.P.

Dora era molto incerta. Poi aveva detto che pensava che la verità fosse l'unica soluzione. Mi rivelò che per anni aveva detestato quell'uomo che incontrava ogni venerdì mattina. Lei glielo faceva quasi apposta a farsi trovare sul pianerottolo. Voleva che capisse quanto le faceva schifo. E quello invece ostentava un sorrisetto e modi sempre gentili. *Viscido.* Simile all'uomo che non aveva mai potuto dimenticare. La sua storia uguale a quella di tante altre donne, ormai sepolta sotto anni di solitudine, foto ingiallite e lacrime, le sembrava ridicola e fuori dal tempo. Eppure si sentiva vicina a quella ragazza e al suo dolore, come se il 1980 fosse stato ieri. E quella ragazza ero io, che volevo sapere di *quella notte*.

Mentre cercava il modo per raccontarmi l'essenziale senza spaventarmi né forzarmi a ricordare, fui io a prendere l'iniziativa: "Dove ha trovato i miei libri?"

"Nel cassonetto della carta."

Non avevo battuto ciglio, me l'aspettavo.

"E sono stata io a metterceli, vero?"

Dora aveva annuito. "Non ricordi niente di quella sera?"

Scuotendo la testa, nel diniego dovevo aver messo in evidenza il lato del viso con la cicatrice, perché lei aveva abbassato gli occhi di scatto per non guardarmi.

"Mi dica di lui. Lo ha incontrato, vero? Quanti anni poteva avere? Com'era la sua voce?" Non riuscivo ancora a darle del tu, credevo di farcela, componevo nella mente ogni frase, colloquiale ed empatica. Poi però mi usciva diversa.

Quel giorno aveva sentito delle grida provenire dal mio appartamento e si era spaventata. La porta di ingresso aveva sbattuto forte e quell'uomo era uscito e aveva sceso alla svelta le rampe.

Quell'uomo chi?

Alla svelta come?

Poi, dopo un attimo di silenzio, aveva sentito ancora alzare la voce e aveva capito che ero io.

"Ti ho sentita urlare."

E dallo spioncino mi aveva vista che tremavo tutta, ferma sul pianerottolo, e ancora strillavo "Maledetto, maledetto". Giù, verso il fondo delle scale. Aveva notato il mio collo tirato e una smorfia sul volto.

"Come di una che sta per soffocare. La tua mano destra stringeva qualcosa di piccolo, un oggetto che non si poteva vedere perché il pugno riusciva a contenerlo tutto. Poi l'hai lanciato via, verso il basso."

Tin, tin, tin.

"Forse era un anello."

Certo, era il mio anello.

"Poi più niente. Sentivo dei rumori venire da casa tua, come se stessi rompendo qualcosa. E dopo qualche ora, a notte fonda, sei uscita con una bracciata di libri e sei andata a gettarli nel cassonetto della carta. Lo so che non avrei dovuto, che non si spia. Ma l'ho fatto solo perché ero in ansia. Mi dispiace. Quando sei andata via in auto, io sono scesa a recuperare i libri. Ho pensato che prima o poi ti saresti pentita di averli buttati via."

"Lui com'era?" Non avevo più saliva in bocca.

Dora strinse le labbra. "Era alto, un bell'uomo. All'inizio aveva molti capelli, poi col tempo sempre meno. Aveva un naso strano, un po' a patata, e il volto sempre teso anche se sorrideva. Indossava spesso la giacca e la cravatta e di solito arrivava in moto. Non saprei dire di più." Si guardava le mani in grembo. Era perfino arrossita, poverina. Un'anziana donna in imbarazzo per la propria curiosità. O forse per l'amore e il dolore di un'altra.

Mi era piaciuta l'idea di sorprenderla. In fondo era da quando avevo parlato con la mia amica libraia che accarezzavo quell'immagine, e adesso ero felice di poter dare un volto all'uomo che avevo amato o anche solo di avvicinarmi per approssimazione ai suoi lineamenti.

Avevo preso lo smartphone e cercato su Google "Liam Neeson". Poi avevo mostrato a Dora l'immagine sullo schermo. E lei, sgranando gli occhi, aveva annuito.

Adesso, dalla mia scrivania, incastrata insieme a tante altre in un grande ufficio poco arredato e con molte luci al LED, in una città bella, ma sporca e cattiva, ripenso ai miei libri e alla fortuna di avere una vicina così curiosa. Ogni tanto giro con il pollice sull'anulare l'anello che non c'è e sento male dentro. Lo stomaco mi implode per il vuoto, che non è mancanza di cibo ma di quello che al cibo potrebbe dare sapore. E mentre mi accade tutto questo, ricevo una telefonata da Dora, che mi supplica di correre subito a casa.

29

Prima di rientrare, Mario si ferma a guardare il cielo. Le stelle compaiono attraverso le nuvole portate dal vento caldo.

Il colloquio con Sofia lo ha spossato ma se fosse dipeso da lui non sarebbe più tornato a casa. Si sarebbe perfino autoinvitato, magari proponendo loro di dormire sul divano. Così avrebbe avuto un'altra cena, altre conversazioni. Avrebbe visto ancora il loro amore e immaginato il proprio. Ma doveva tornare da Irene.

Sale il primo gradino che porta alla veranda e sente una voce di donna: "Buonasera, signor Parenti."

Deve aguzzare lo sguardo perché la luce è già piuttosto bassa, è rimasto solo un po' di chiarore sulla linea dell'orizzonte e non è sufficiente per vedere bene. Specie una ragazza vestita di scuro. Lei avanza fino a toccare il bordo della siepe che divide il suo giardino da quello dei vicini, e a questo punto può metterla a fuoco. È la figlia più grande dei ristoratori napoletani. A Mario è già capitato di vederla servire ai tavoli della trattoria. Alta, con poche forme, un viso bellissimo, occhi blu e capelli neri.

"Pare strana in una famiglia di piccoletti, formosi e biondi" gli aveva sussurrato Irene qualche giorno prima, quando erano andati a mangiare la pizza. Che poi lui nemmeno la digerisce, e aveva ordinato un'altra cosa.

Gli era sembrato di leggere della disapprovazione negli occhi severi e attenti della ragazza, mentre stava prendendo appunti per la loro ordinazione. Era stata brava, efficiente e veloce. Riuscire a ricordarsi di tutte le verdure che Irene escludeva dalla vegetariana, con aggiunta di uovo ben cotto e parmigiano a scaglie, non era scontato. Ed era anche bellissima, quindi le aveva lasciato una buona mancia. Dimostrare gratitudine lo fa sentire soddisfatto e soprattutto ricco, proprio lui che si porta addosso la povertà della giovinezza come un tatuaggio.

Mario ha lottato ed è riuscito a venire via dal quartiere: questo dicevano i vecchi amici di San Basilio. Che poi chissà che fine avevano fatto, ormai erano tutti vecchi per davvero, a parte qualcuno morto per overdose tra i venti e i trent'anni, di cui aveva avuto notizia da lontano. Il Parenti aveva la casa al Colosseo, la moglie giusta, due figli quasi sistemati.

E un segreto da nascondere ogni venerdì.

Alcuni del vecchio quartiere si erano assicurati con lui, e almeno una volta all'anno passavano a pagare la polizza. Allora offriva loro l'aperitivo. Ci teneva. E quelli lo guardavano come un miracolo in completo Battistoni e cravatta di seta, loro che avevano addosso una tuta e le mani sporche di grasso che non andava via.

"Dài, andiamo a prenderci una cosa al bar."

Lo ammiravano e pensavano speranzosi che cambiare era possibile.

Magari un giorno pure mi fijo.

E perciò lui lascia sempre qualcosa a quelli che lo servono, al giornalaio, al barbiere, al cameriere. Può permettersi di essere gentile e lo fa volentieri, specie con le ragazze carine.

La mancia più grossa se la ricorda ancora, lì aveva proprio esagerato, porca puttana. L'aveva data a un'amica di Rita, anni prima. Una libraia con un culo da favola che si era data tanto da fare per trovargli l'edizione originale del romanzo di Striano, *Il resto di niente*. Alla fine nell'edizione Avagliano non ce l'aveva e lui si era dovuto accontentare di quella economica Mondadori.

"Se il resto è di niente, allora lo tenga lei" aveva detto mentre le porgeva cinquanta euro. Un misto di stupore, ammirazione e divertimento aveva illuminato il volto di Rita. E questo non aveva avuto prezzo.

"Buonasera, signorina...?"

"Giuliana."

Non ha voglia di mostrarsi amichevole con la ragazza, è troppo stanco.

"Qui non si vedono mai bene le stelle" gli dice lei indicando il cielo. "È un posto strano."

"È vero, bisogna accontentarsi di quelle che restano a brillare tra una nuvola e l'altra ma è un po' triste e laborioso" le risponde cercando di guadagnare un altro scalino, in fuga verso casa. Irene lo sta aspettando, intuisce dal chiarore tenue della finestra del salotto che sta seduta sul divano davanti alla tv. E magari la cena si è raffreddata e lei si sta inquietando. "Perciò vado a vederle sulla spiaggia di notte, quando ho il giorno libero. Ogni venerdì, signor Parenti" conclude la ragazza. Poi appoggia l'asciugamano sulla siepe e con una specie di piroetta gli gira le spalle.

La parola *venerdì* trapassa Mario, che rapido entra in casa.

A casa trovo Dora sulle scale che mi aspetta. Haruki le scodinzola intorno mogio e con poca convinzione, intuisce che oggi le feste non si fanno, perché non c'è proprio niente da festeggiare.

Le porte dei due appartamenti sono aperte e dal mio si sente provenire una serie di moccoli dal timbro baritonale.

"Signò, mannaggia a Cristo e ai capelli, ma che ve date voi donne, sulla testa, per fa' 'ste palle demmerda?"

Dalla soglia vedo una serie di strofinacci messi a terra per asciugare. Dora è sempre premurosa, e da quando le ho dato le chiavi alza le tapparelle per dare luce alle piante, le abbassa se arriva il temporale. Qualche volta mi fa trovare sul tavolo delle polpette per cena o una fetta di torta alle mele. Ma stavolta il suo intervento ha evitato che lo scarico otturato del wc causasse un diluvio maleodorante sul soffitto della camera di quelli di sotto. Pian piano si è resa quasi indispensabile, nonostante io non mi mostri entusiasta del suo aiuto. Non mi ribello, certo, ma forse non apprezzo abbastanza. Lascio solo che faccia alcune cose per me. In questa occasione, però, la bacerei.

"Sono sola, Haruki potrebbe farmi tanta compagnia. Se vuoi la mattina lo tengo qui con me, tanto ormai mi conosce." È stata la novità della settimana.

Così, quando io non ci sono, adesso Dora si occupa anche del mio cane. Fino a qualche mese fa non avrei mai accettato la sua invadenza. E chiedere piaceri mi è sempre sembrato da approfittatori. E lo stato d'animo non muta se sono gli altri a offrirmi aiuto. Anzi, il disagio che provo nel sentirmi in debito diventa subito ribellione e poi insofferenza.

Adesso è diventato evidente anche per me come la questione sia più sottile e profonda. Ne ho parlato pure con Elena. Le ho spiegato che odio dover ricambiare con l'affetto gli altri per ciò che fanno per me. È una patologia, per caso? Voglio solo sentirmi libera di amare chi voglio e senza motivo. O di essere amata, così come sono. Motivo questo di lite anche con il mio ex marito, ben disposto invece a prendere a piene mani da chiunque con una faccia tosta che mi faceva rivoltare lo stomaco.

Intanto il portiere Marcello continua a bestemmiare in romanesco. I condomini tra loro, per rimarcare i centoventi chili di schiettezza sistemata su un metro e sessanta di statura, lo chiamano *Marcellino*. L'uomo più brutto del mondo, secondo Teresa. Ogni volta che lo vede in guardiola, quando sale, non può non commentare: "Certo, Marcellino, poraccio..." e io sempre sbotto che non è il caso di chiamarlo in quel modo. Eccheccavolo.

"Non si dice, non è giusto pensare questo delle persone. Macché poraccio, Teresa. In fondo è normale, a parte la stazza, le gambe curve per il peso, i denti storti, il leggero strabismo e l'ignoranza che gli fa sottolineare a bestemmie ogni avvenimento della vita."

A quel punto di solito mia sorella mi ricorda il piccolo dettaglio del naso. Di fronte a quello, anche io mi arrendo e mi scappa un sorriso a mezza bocca. Perché il naso di Marcellino, enorme, insieme adunco e a patata, pare uscito da un quadro di Arcimboldo, ed è davvero indifendibile. Specie da quando uno dei gemelli ha dichiarato: "Zi', Marcellino c'ha er naso che je piscia in bocca."

Eccolo, adesso esce dal bagno, puzzolente e affannato al punto che il sudore dalla fronte gli cola su quella proboscide assurda, e da lì sulle labbra, consegnandomi l'immagine esatta di quello che mio nipote – cattivo come tutti i ragazzini – ha inventato solo per farne una battuta durante la cena: ora il naso, a Marcellino, gli sta pisciando in bocca per davvero.

Lo guardo e per un attimo mi domando se lui abbia visto passare Liam Neeson. Ne sono certa, non gli sfugge mai niente, ma è l'ultimo a cui chiederei: chissà dove mi porterebbe con le sue frottole. Torno allora a concentrarmi sul naso e stavolta non ce la faccio a trattenermi e comincio a ridere. Per dissimulare faccio una mezza piroetta e subito cerco di far cadere la colpa su Haruki, che ha iniziato a saltare, felice per quello che gli è sembrato un mio scatto festoso.

Così il demonio travestito da Jack Russell prende la rincorsa dall'estremità del corridoio, pattina sugli stracci umidi e li ammucchia vicino ai piedi del portiere, che sta passando con il secchio pieno della schifezza tirata fuori dal cesso.

Marcellino inciampa, perde l'equilibrio e il secchio vola, vola facendo schizzare in aria anni di capelli, consegnati in modo incauto all'innocente scarico del WC.

Sento in sottofondo lo strillo disgustato di Dora, il guaito di Haruki che si è preso il secchio sulla testa e l'ennesima, enorme, bestemmia del portiere. Sento anche lo *splash* del bolo puzzolente sul pavimento e vedo gli schizzi sulle pareti. Intanto, calcolo quanto mi costerà farle ridipingere, ma non mi importa, adesso ho ben altro in mente.

In mezzo al letamaio in cui si è trasformato l'ingresso di casa mia, in un angolo, netta, minuscola e preziosissima c'è l'unica cosa davvero importante.

Neanche avessi i superpoteri, nel caos ho appena individuato la vecchia SIM del mio cellulare.

31

Un nuovo venerdì è arrivato e Mario si sente sospeso tra la stanchezza e il disgusto. Niente lo scuote, niente lo interessa. Non riesce nemmeno a disprezzare Irene e le sue manie.

Certo, il tempo non l'ha aiutato. Una tempesta di vento e sabbia è riuscita a tenerlo per tutta la settimana lontano da Sofia. Si sono sentiti al telefono e gli è sembrata un po' triste, Vittorio non sta bene, non riesce a dipingere, sebbene lo desideri. Rimane per ore davanti alla tela bianca con in mano il pennello intinto nel colore, poi rinuncia, borbotta qualcosa e torna a letto. A malapena le parla. E i galleristi aspettano.

"Voi uomini fate così, tutto va bene oppure niente va bene. E a noi non resta che adeguarci. Per Vittorio, se non può dipingere, la vita perde senso" gli ha confidato nervosa.

Mario non ha ribattuto, gli manca la voglia di infilarsi in un ginepraio sulle differenze di genere. Intuisce che anche la conversazione con la sua amica può diventare di un tedio mortale e non ha voglia di ascoltarla.

Questa situazione di stallo lo riporta a quando la noia non esisteva. Rita gli dava sei giorni per finire lo stesso romanzo che anche lei stava leggendo e poi parlarne insieme. Lui le telefonava per sapere a che pagina era arrivata, e se restava indietro usava i ritagli di tempo in ufficio per recuperare. Era stimolante.

Quando vuole toccare il fondo della propria stupidità è così che la pensa: la sua donna. E se la immagina mentre legge. Niente ha il potere di farlo struggere nello stesso modo; e allora lei gli appare sfumata eppure netta, piena di luce, come in un quadro di Vermeer. Seduta dritta con i gomiti puntati sul tavolo della cucina, in mano un lapis per sottolineare e appuntare le parti salienti sul frontespizio, sotto al titolo. La busta dei croccantini di Haruki lì vicino, l'avanzo di un panino in un piatto, i Genesis in sottofondo, sprofondata nelle parole che qualcuno ha scritto solo per lei.

Chissà come fa Irene ad accontentarsi delle brevi conversazioni con i ragazzi su Skype, delle partite a burraco con le nuove amiche e delle ricette col Bimby. E come fa lui, a stare ancora con una donna del genere.

Si sente sempre quello che tirava i sampietrini alla polizia nel 1972, il ragazzo alto e riccio dell'assalto all'armeria che rimediava sempre del pakistano buono; quello che poteva essere un campione di calcio, se avesse avuto un padre meno stronzo; quello che era diventato agente di assicurazioni, con le segretarie bone, i figli modello e la moglie carina con cui fare le vacanze in giro per il mondo.

E con questi pensieri alle nove di sera saluta Irene e le annuncia che uscirà e andrà a fare una passeggiata sul lungomare. Vuole vedere prima il tramonto e poi le stelle, ma questo non lo dice. E non la invita ad andare con lui.

Lei non commenta e si limita ad annuire. Lo guarda uscire con l'asciugamano a tracolla, il passo dondolante, e pensa che ormai è vecchio per davvero. E anche stronzo, in ugual misura, però lei ormai è abituata. A volte prova a immaginarsi come sarebbe, stare senza di lui. Portargli i fiori sulla tomba e piangere, poi tornare a casa e scoprire che non è così male. Nessuno che strilla o che la critica o che ordina e decide. Per vivere avrebbe la pensione di reversibilità, qualche soldo da parte. Certo non molto, ma a Lanzarote potrebbe arrangiarsi. Barbara le ha detto che al ristorante avrebbe bisogno di un aiuto, sua figlia Giuliana non ha molta voglia di darsi da fare e il lavoro resta indietro, specie in cucina. Ai tavoli la ragazza è brava ma per i fornelli non è proprio portata. Aveva tanto sperato che diventasse una chef. Suo padre finché erano rimasti a Napoli si era illuso di riuscire a cavarne qualcosa di buono, e dopo la laurea in Scienze politiche l'aveva anche iscritta a dei corsi di cucina. Poi avevano dovuto cercare riparo a Lanzarote, lontano dal pizzo e da certi giri che la ragazza frequentava.

Chissà se per andare a Playa Chica Mario prenderà la bici oppure l'auto. Appena trasferiti hanno comprato una vecchia Smart di occasione ma lui non la usa quasi mai, preferisce i mezzi pubblici oppure una sana pedalata.

Quando sono arrivati a Puerto del Carmen, Irene aveva pensato che sarebbero andati al mare ogni giorno, poi ha scoperto che farlo da sola è avvilente, come tutto il resto. Perciò si trucca e si veste come se dovesse uscire ma non esce. Parla con la ragazza che ogni due giorni al mattino fa le pulizie. Ogni tanto si mette nuda davanti allo specchio della camera e si osserva. Quando è che il suo corpo ha iniziato a cambiare? Dopo la nascita del primo figlio? No, ricorda di essere stata ancora carina fino al secondo parto, anche se aveva già quaranta anni. Forse sarà stato per via della menopausa, che è arrivata troppo presto. Così è ingrassata, diventando un'altra. Una che non conosce più.

Le sembra ieri che aveva i seni sodi e grandi, le gambe non lunghissime ma perfette e un bel sederino all'insù. Ripensa a quando lui glielo mordeva e le chiedeva durante i loro giochi: "Di chi è questo? Eh? Dimmi, di chi è?" Poi le prendeva il viso tutto in una mano e glielo stringeva, fino quasi a farle male. Era stato molto geloso, Mario, molto innamorato. Voleva sapere tutto della sua giornata, gli incontri che aveva fatto, con chi si era fermata a parlare e di che cosa. Al mare criticava la sua posizione sdraiata sul lettino. *Si vede che ti piace piacere* era la sua frase preferita. La spiava da dietro al giornale, e se qualcuno la guardava erano drammi. Una volta aveva tirato una mela dal terrazzo a un ciclista reo di aver guardato su, verso casa loro, mentre lei stendeva la biancheria in sottoveste. Lo aveva quasi fatto cadere e si era pure vantato della mira. E poi la colpa come sempre era stata sua: "Cretina, ma ti metti a girare in sottoveste?"

L'assillo era finito dopo la nascita del secondo figlio, con suo grande sollievo. Credeva che Mario fosse maturato, invece aveva solo perso interesse per lei. Chissà se la collega siciliana c'entrava qualcosa.

Si erano sposati che il primo bambino aveva già un anno. Per la loro generazione era uno scandalo, le famiglie erano disperate. Ma Mario aveva deciso così, di fare con calma, e lei si era adeguata. Lui aveva detto che era per via della madre, morta quando era piccolo: pensare che non lo avrebbe accompagnato all'altare lo sconvolgeva, voleva essere certo che quella mancanza non rovinasse tutto quanto. Poi un giorno di botto si era deciso e aveva voluto organizzare di corsa, in un mese.

Il matrimonio era stato semplice ma la sua preparazione l'aveva portata sull'orlo dell'esaurimento nervoso. Lui aveva voluto controllare ogni cosa, perfino il colore del vestito da sposa – lei lo avrebbe preferito rosa pallido e Mario l'aveva voluto écru – e, visto che era lui a pagare, aveva deciso tutto: pochi parenti, un pranzo minimo solo a base di pesce, il viaggio di nozze in Nepal, tanto il bambino ormai era svezzato e per venti giorni poteva anche stare con i nonni. Niente bomboniere.

Irene non avrebbe voluto nulla del genere: non lo aveva scelto e perciò non le apparteneva. E così era sempre stato, a partire dalle cose futili, come il colore dell'auto; per finire ad altre fondamentali, come la scuola dei ragazzi. Non doveva preoccuparsi, lui sapeva quale fosse la scelta migliore. Pontificava, dava grandi spiegazioni, soppesava con lei i pro e i contro, ma in realtà fingeva perché aveva già deciso. Se lei si azzardava a dire la sua, per lui diventava di colpo insopportabile e buona solo a criticare. Un'ingrata. Così col tempo aveva preso a criticarlo di continuo, anche per la strada che sceglieva quando viaggiavano o per la quantità di sale nella pasta. La piccola, innocua ribellione di Irene, moglie priva di volontà ma che almeno ogni tanto si sfogava rompendo i coglioni.

Forse l'unica decisione vera nella sua vita l'aveva presa dopo la cena in cui lui si era lamentato dell'Italia e della merda in cui erano ormai costretti a vivere, e aveva dichiarato di essere disposto a lasciare tutto per un posto migliore. Lo stava aspettando al varco da tanto, in attesa di un suo passo falso.

Le aveva parlato di Lanzarote molti anni prima, quando ancora il lavoro andava bene e quella scelta poteva solo rendere più brillante una lontana vecchiaia che si annunciava comunque tranquilla. Una delle sue solite uscite a effetto, tanto per dimostrarle che potevano cambiare vita in qualsiasi momento, se era lui a stabilirlo. "Che ci vuole. Basta scegliere."

Nella notte in cui aveva deciso di metterlo alla prova, Irene si era sistemata comoda davanti al computer. Era brava a fare ricerche sul web, a prenotare e valutare le offerte. Anni prima aveva frequentato un corso della regione Lazio per aprire un'agenzia di viaggi, poi Mario le aveva fatto accantonare il progetto, definendolo *antieconomico*.

Il mattino seguente aveva già pronto un piano scritto, fatto di partenze, arrivi, orari, noleggi e link delle pagine degli italiani che si erano trasferiti prima di loro. Lui diceva di amare le donne forti e indipendenti, che sapevano decidere. Se anche in un tempo remotissimo lei era stata quel tipo di donna, adesso non era neanche più in grado di ricordarlo. Ma si era concessa quel guizzo.

"Ecco" aveva detto mentre si stava facendo la barba. Gli era arrivata alle spalle senza fare rumore. Lui l'aveva osservata di traverso dallo specchio, neanche fosse stata una mosca sulla parete. Quando però aveva messo bene a fuoco il foglio che lei gli stava porgendo, a Irene era parso di vedergli fiorire sul viso piatto un'espressione nuova. Gli occhi sgranati, la bella bocca un po' aperta. Stupore o paura? Aveva a che vedere forse con le tracce di fondotinta che trovava sul colletto delle sue camicie o con i calzini marca Gallo che erano apparsi nel suo cassetto della biancheria per Natale?

L'unica vera scelta che Irene ha fatto è stata in fondo quella decisiva. Questo almeno la consola. A pensarci ora, mentre davanti allo specchio si accarezza i seni cadenti e poi scende con la mano in mezzo alle grandi cosce, le viene da sorridere.

Mario ha deciso di prendere la Smart, non si fida ad andare di notte con la bici fino alla spiaggia. La gente il venerdì sera beve e guida come invasata.

Ha con sé un grande telo da mare. Vuole godersi il tramonto e le stelle. Si è messo una tuta da ginnastica e non ha portato il costume perché non ha intenzione di fare il bagno. Non lo fa di giorno figuriamoci al buio.

È sicuro che la troverà. È certo che lei non abbia pensato ad altro in quei sette giorni. Le donne sono prevedibili. *Prevedibili troie.*

Quando da lontano Giuliana lo vede arrivare, alza il braccio e schiaccia la canna sotto la sabbia dell'asciugamano.

32

Il cellulare è spento e ho messo la SIM sul comodino. La osservo dal letto neanche fosse una reliquia. Chissà se funziona. Per saperlo dovrei inserirla ma non ne ho il coraggio. La nuova schedina se ne sta buona nel telefono, questa invece sembra un piccolo serpente pronto a mordermi. Per essere certa di non vederla più risorgere dallo scarico del bagno dovrei forse buttarla nel Tevere.

E se non fosse mia? Certo che è mia, di chi deve essere. Chissà nella rubrica *lui* com'è salvato. Se fosse davvero così somigliante, potrei perfino averlo archiviato come Liam Neeson. Dovrò scorrere la rubrica fino alla lettera N.

Mi viene da ridere e da piangere. Il cuore mi scoppia solo a guardarla, questa SIM di merda. Non posso parlarne con Teresa, mi sommergerebbe di consigli. Non voglio dirlo a nessuno. La vicina non si è accorta di niente, non mi ha vista raccoglierla da terra. Il mio segreto è salvo, e comunque Dora sarebbe l'ultima persona a cui andrei a raccontarlo. Comincerebbe a fare domande, spiandomi sul volto chissà quali segnali. Il tanto vagheggiato ritorno della mia memoria.

Lo racconterò a Elena, questo sì. A qualcuno lo devo pur dire quanto sono stata brava, o magari istintiva, e con quanto acume – o per quale botta di culo – sono riuscita a vedere quel prezioso rettangolino schizzare via in mezzo a grumi e capelli. La psicologa ha l'obbligo del segreto professionale, non può rivelarlo a nessuno. Non mi darà consigli, non commenterà, al limite mi porrà qualche domanda per farmi ragionare.

Non so però decidere se confidarmi con lei prima o dopo aver rimesso la SIM nel telefono. Meglio dopo. Meglio che non ci sia nessuna influenza esterna. Voglio vedere quel nome e farlo in solitudine. Voglio scoprire chi è il mio amore.

Ma non adesso. Ora è tardi e ho sonno.

Non solo: ho fame, ed è la prima volta dall'incidente.

Questa consapevolezza, che arriva quando ormai sono a letto, mi lascia un po' di tempo al buio a occhi sbarrati per la felicità. Nel mentre, il mio stomaco urla sempre più forte e mi viene da piangere dalla contentezza. Allora getto la spugna, accendo l'abat-jour, afferro il cellulare e cerco in internet.

Borgia, aperto fino alle 3,00, servizio pony.

"Una pizza bianca con pere, gorgonzola e noci, per cortesia."

Mi sono svegliata con la bocca impastata. Il gorgonzola a mezzanotte e mezza non è stato una buona idea ma non scorderò la soddisfazione con cui l'ho divorato. Gironzolo per casa e arrivo in cucina. Osservo il cartone unto, abbandonato sul tavolo, e sorrido.

Haruki si è pappato il cornicione della pizza, gliel'ho dato con le mani e dopo mi sono pure leccata le dita. *'Fanculo, nessuno mi vede, nessuno mi giudica e faccio quello che voglio.*

Giro ancora un po' per casa mentre passo lo Swiffer e quando rivedo la SIM sul comodino il cuore mi fa un balzo. Chissà come, per un istante ero riuscita a dimenticarmene.

Vista la sua provenienza non me la sento di toccarla a mani nude, così infilo i guanti di lattice che uso per pulire il bagno. Magari non riesco neanche a sostituirla, non l'ho mai fatto da sola, ci hanno sempre pensato in negozio.

Invece sì, ce la faccio al primo colpo. Tolgo la nuova, inserisco la vecchia. Riavvio il telefono. Compaiono messaggi che non capisco, procedure che, chissà come, so eseguire. Ricordo pure il pin, mi sembra, ancora una volta, di avere dei superpoteri. Deve essere per via della disperazione.

Salto con facilità da un'icona all'altra e finalmente apro la rubrica: Antonucci, Aporti, Ascolesi, Baia, Besandrei, Bisconte, Briganti, Calzaroli, Carobi, Cesoli, Cislaghi. Un mucchio di A, B e C, le scorro e di tutti mi rammento, avvocati, amici, commercialisti, ex fidanzati di amiche che non frequento più, l'istruttrice di spinning, quella di pilates, il centro velico dell'Elba. Arrivo alla M di Marco, Mario, Matteo, Mauro e di nuovo devo ammettere di conoscerli tutti quanti. Tremo.

Lui dov'è? Forse non c'è e mi sono immaginata ogni cosa, anche la sensazione di vuoto che provo. Magari lui non esiste. Prima ripongo la speranza nella lettera L: potrei averlo chiamato solo per nome, *Liam*, in modo confidenziale. Ma no, niente.

Resta la N: *Neeson, dài che sei tu, ci scommetto.*

Invece no.

Ho scorso i nomi di quelli che corrispondono a tutte le stramaledette iniziali di un mondo che conosco come le mie tasche: e infatti mi ricordo bene di ognuno di loro. Decido comunque di arrivare alla Z ma tanto lo so, c'è solo Zammarchi, il concessionario della mia macchinina verde. Non mi costa niente arrivare in fondo.

Fino all'ultimo spazio che non è per le lettere.

E lì c'è il numero che sto cercando. Non può che essere quello giusto, salvato con discrezione ossessiva solo con un'emoticon a forma di cuore.

Non piango, non rido. Non muovo un muscolo.

Poi parte il calore nella pancia ma stavolta non è dolore né felicità: ho di nuovo fame. Decido di andare a fare colazione sotto casa. Mi vesto in fretta e scendo al bar. E da lì telefono.

"Ciao, sono io. Come stai? Scusa il casino, sono in un caffè... Possiamo incontrarci oggi?"

Di là si sente un sospiro paziente. E un grande silenzio.

Allora rilancio: "Ti prego. Elena, lo so che sarai piena di appuntamenti ma devo assolutamente vederti. Ho trovato Liam Neeson."

33

Si sono messi al riparo dal vento e dalla sabbia contro una vecchia barca di pescatori. Appena cala la notte, Mario si abbassa i pantaloni della tuta, rotola sopra Giuliana e prova a entrarle dentro. Lei con una mossa agile lo rivolta e comincia a cavalcarlo.

Poco prima lei ha fatto il bagno, poi gli si è messa accanto, nuda. Lui non è del tutto eccitato, in fondo qualcuno potrebbe vederli. Sai che stronzata, farla franca in Italia per tanti anni e venire scoperto a Lanzarote al primo appuntamento.

Anche quando era andato a Nemi con Rita e l'aveva presa nel bosco davanti al lago, in un viottolo appena sopra alla strada principale, con il viavai delle famiglie in gita, aveva rischiato grosso. Lì, però, era eccitato come un pazzo. Era stato solo due anni prima ma gli pare un secolo. Erano andati in moto e lei si era messa il casco di Irene. Alla fine della giornata ci aveva trovato dentro un bel po' di capelli ricci e rossi, e aveva dovuto illuminarlo con la torcia del telefono per essere certo di eliminarli tutti.

Era stato straordinario, aveva guidato verso il lago sperando che quelle ore non finissero mai. La settimana dopo, tanto per sottolineare l'avvenimento, Rita gli aveva donato il libro edito da minimum fax con la copertina colorata e il cono gelato. Aveva ragione Vonnegut: quando si è felici è davvero bene farci caso.

Di tutto quel giorno, la parte migliore era stata il viaggio, specie all'andata. Lei si era messa un buffo vestitino di cotone rosso con tanti minuscoli conigli bianchi e sotto un paio di pantaloni, bianchi anche quelli. Era stato facile sfilarli, restando con l'abitino corto e leggero e il tanga elastico in pizzo da spostare di lato, pronta per l'amore. Ricorda anche i sandali che indossava – bassi e bianchi, semplici ma con un grande cristallo a impreziosirli – e perfino il colore dello smalto sulle unghie dei suoi piedi. Il sesso quel giorno era stato incredibile ma non quanto il corpo di lei attaccato al suo in moto, mentre guidava sicuro e le accarezzava con il palmo la coscia. Lei si fidava e lui percepiva il suo completo abbandono. Ogni tanto le loro mani si intrecciavano e la moto sbandava di poco. Come due ragazzi. Come i due ragazzi più belli del mondo. Attimi di gioia profondissima che anche adesso vedeva *galleggiare* nella propria mente.

Quello era il verbo che lei preferiva, quando lo trovava nei libri lo sottolineava. Sosteneva che fosse così per ogni cosa positiva che provava, per le sensazioni, i sentimenti, i ricordi delle esperienze. Diceva che le restavano nella testa a *galleggiare*, evanescenti e a mezz'aria, senza andarsene mai.

Oggi Mario non si aspettava di scopare subito con Giuliana. Anche se un po' ci sperava, non lo aveva cercato né programmato, forse per questo non gli riesce bene. A saperlo avrebbe provato il Viagra, i colleghi glielo hanno regalato come dono di addio, prima della partenza. Volevano ridere, volevano fargli capire che in fondo era vecchio come loro, o comunque lo sarebbe diventato presto.

E adesso c'è una ragazza molto più giovane di lui che lo prende e prova a cavalcarlo su un asciugamano in riva al mare, nemmeno fosse un sogno. E il suo sesso, sempre così voglioso, non lo segue nell'impresa. Eppure lei è bellissima.

Che strana la mente.

Lo stato d'animo non è quello giusto e neanche la situazione, prova a consolarsi. Ma ormai è una questione di puntiglio, lui è l'uomo delle soluzioni, quello che non si dà mai per vinto. Quindi la prende con le mani e lei viene due volte, aiutandolo a bagnarsi le dita, infilandosele in bocca, giù quasi fino in gola e succhiandole, nella speranza di risvegliare in lui il desiderio. Quando finiscono non ha nemmeno voglia di dirle "Mi dispiace". Di che cosa, poi? Lei ha goduto e lui no, non ha dunque di che lamentarsi. La penetrazione in fondo non è tutto.

Infreddolito per il vento e per il contatto con il corpo bagnato di lei, ora ha pure un accenno di mal di testa e gli pare una situazione surreale e molto triste. Vorrebbe lavarsi le mani. Deve farlo prima di tornare a casa, puzzano di sesso. Guarda le stelle e prova a parlare.

"Quanti anni hai?"

"Sono nata trent'anni prima di adesso."

Sembra allegra. Le è piaciuto.

"Quindi è il tuo compleanno?"

"No, facevo per dire. In generale" dice alzando le spalle.

"Ah, ecco. Non avevo capito."

"Volevo essere simpatica, rompere il ghiaccio."

"Di solito questo si fa *prima*."

"Perché, ora c'è una regola?"

Magari è un modo per dirgli che è vecchio. Però continua a sorridere e Mario non ne capisce il motivo. La fa accomodare con la testa sopra al suo braccio e le parla di sé. Qualche piccolo ricordo, l'infanzia, sua madre. Due minuti in tutto. Lei non dice niente, forse non lo trova interessante. Alla fine è lui a rompere l'imbarazzo.

"Vuoi un passaggio?"

"No no, ho la bici. Credi che ci rivedremo?"

"Be', abitiamo uno accanto all'altra."

"Intendevo qui. A me è piaciuto molto."

Ora Giuliana non sorride più e lo guarda in modo intenso. Vuole un altro appuntamento.

"Scusa, ma a Lanzarote non ci sono ragazzi della tua età?"

A quel punto lei si alza. Quella domanda da maschio navigato e indifferente è stata efficace.

Non ha intenzione di rivederla nel senso che intende lei. O forse sì. Non lo sa ancora. Deciderà con calma. La osserva tutta. Ha gambe lunghissime e fianchi stretti. Seni piccoli e sodi. Un volto perfetto.

Lei lo guarda dall'alto, fulminandolo, e sorride stirando le labbra. Poi prende dall'asciugamano gli shorts e la maglietta.

"Sì, certo che ci sono," ribatte seccata, rivestendosi "però a me piaci tu."

Elena è orgogliosa che io l'abbia scelta per rivelarle il mio segreto, invece di raccontarlo a Teresa, alle amiche o alla vicina. Lo sa che è solo la decisione meno rischiosa: lei non può dirlo a nessuno per ragioni professionali e di sicuro mi consiglierà per il meglio. Però è contenta lo stesso, lo capisco da come mi parla, quasi con affetto.

Proverò a chiamarlo, è ovvio, nessuno resisterebbe alla tentazione di scoperchiare un vaso di Pandora di queste dimensioni. Mi ha fatto però promettere di aspettare almeno fino alla nostra prossima seduta, e io ho accettato di slancio. Ora che l'ho trovato, non sento di avere una gran fretta. Ne abbiamo parlato, e forse a frenarmi è la paura di quello che potrei scoprire. E prima di lanciarmi, su suo consiglio ho deciso di provare anche l'ipnosi regressiva, per cercare di far tornare a galla almeno qualche dettaglio di questo spettro d'amore.

Teresa è molto preoccupata, lo so che chiama spesso Elena per avere mie notizie e immagino che l'argomento sia sempre lo stesso: la mia eccessiva magrezza, la mia salute che sta precipitando. Dall'incidente ho perso dieci chili, il volto mi si è scavato, nessun abito mi va giusto e ormai mi vesto solo con tute larghe per minimizzare il problema. Di sicuro si lamenta che dei miei problemi non parlo con nessuno. Che leggo e rileggo i libri che ho ritrovato dalla vicina, forse sperando che mi facciano tornare la memoria.

"Come ti senti?" mi domanda aprendo la porta.

Ci avrei scommesso la testa che me lo avrebbe chiesto. Non riesco ad aspettare che Elena si metta seduta. Le sorrido e non rispondo. *È evidente che sto meglio, no?* Indosso un abito a fiori e le scarpe col tacco. Nel giro di ventiquattr'ore, tutti quelli che mi hanno incontrata si sono accorti che qualcosa in me è cambiato. Matteo in ufficio mi ha pure dato un pizzicotto sul sedere. Io per tutta risposta gli ho sbattuto una cartellina sulla testa e siamo rimasti a ridere per un po', ricordando alcuni vecchi episodi del lavoro. Dora stamani ha notato il trucco più accurato e mi ha fatto i complimenti. Perfino Haruki ieri è tornato a cercarmi come un tempo per le coccole serali.

Mi sento stordita ma non lo dico. Possibile che ami quest'uomo senza ricordarmi nemmeno chi sia? Ogni tanto apro la rubrica del telefono, guardo quel numero misterioso e il cuore accelera. L'ho trascritto su un post-it e l'ho attaccato sul frigorifero, anche se ormai l'ho letto così tante volte da averlo imparato a memoria. Immagino di chiamarlo, di sentire la sua voce. Di sicuro è profonda, impostata, da attore. E lui è uno simpatico, intelligente, sopra le righe. Una persona interessante e un po' matta. Magari è un mascalzone senza responsabilità e senza lavoro. Oppure proviene da una famiglia ricca, e come nullafacente si occupa solo d'arte. Un nobile decaduto, forse un vecchio professore di liceo. O anche un musicista di mezza età.

Ho fatto mille prove, immaginando il volto di Liam su corpi diversi, come una bambola disegnata su un foglio da ritagliare. Piccolo e magro. Alto e snello. Alto e robusto.

Ciao, sono io. Ho deciso di dirgli solo questo.

Non rispondo alla domanda di Elena. Non saprei trovare le parole giuste per dirle come mi sento. Faccio invece una giravolta e poi mi siedo, spostando una ciocca di capelli rossi dietro l'orecchio. Attendo. Voglio essere una bambina, voglio che il mondo intero mi veda così. Piccola e sorridente. Voglio tornare indietro, a quel tempo che mi ha vista felice e che nella mia testa non esiste più.

"Iniziamo?" fremo.

Elena annuisce. Mi ha spiegato di che cosa si tratta: non dormirò e rimarrò padrona delle mie azioni. Il rilassamento potrebbe però aiutarmi a ricordare, a rivivere la sera dell'incidente, magari a capire chi sia l'uomo che sto cercando. Forse a visualizzarlo. Ma non devo aspettarmi troppo, non è detto che l'ipnosi sia efficace. Dopo qualche giorno, appena mi sentirò pronta, chiamerò il numero misterioso.

La voce di Elena è gentile, mi chiede se preferisco pensarmi in treno oppure dentro un ascensore.

Scelgo il treno. Mi fa immaginare l'aspetto del vagone, il colore dei sedili, poi vuole sapere le mie sensazioni. Sto comoda, non fa caldo né freddo. Sono sola ma non ho paura.

Ecco, ora sono partita, il treno si muove. Mi chiede di guardare fuori. Sto lasciando Roma. Vedo San Pietro. Lascio anche il presente, vado nel passato. Sono padrona del mio tempo e della mia vita.

Vedo passare mia madre e il treno rallenta per farmi guardare meglio. È in ospedale, io le tengo la mano e lei muore. Teresa urla. Io invece sorrido, inebetita. Soffriva tanto, mi vedo che accetto la sua fine.

Il treno riparte, vado ancora più a ritroso. Osservo passare i nonni e la tata, la sua casa senza elettricità. Io e Teresa siamo per mano. Vedo le candele che usavamo di notte. Ho paura. Sto piangendo. Voglio bene alla tata ma odio stare con lei in quella casa buia. Voglio la mamma, voglio stare a casa mia.

Elena mi chiede di mio padre. Non lo ricordo, non voglio vederlo. Però lo vedo lo stesso. Sta toccando una donna che non è la mamma. Le sta sussurrando che ama solo lei, che presto staranno insieme. È vestita di bianco ma non vedo il suo volto. Sono sulla porta, indosso un abito di cotone rosa che mi piace molto. Lui mi guarda stupito e le dice di non preoccuparsi, tanto sono una bambina e non capisco. Poi mi regala una caramella. Odio le caramelle eppure la accetto, è un dono di mio padre, non posso rifiutarlo.

Il treno stavolta va avanti, veloce. Fuori dal finestrino c'è la Feltrinelli di largo Argentina, stanno presentando un libro. Riguarda la Seconda guerra mondiale. Sono felice, al sicuro. Amo la storia. Poi sento una voce. È un uomo che mi chiede se sono umbra. Certo che no, sono nata a Roma. Elena vuole sapere com'è la sua voce. Stridula come quella di un falco. Si alza e si abbassa. Non mi piace. Mi prende in giro perché io mi senta stupida, ecco il motivo per cui mi ha fatto quella domanda assurda. Anche lui vuole che non capisca ciò che vedo e proverà a ingannarmi, costringendomi a tornare piccola. Mi farà dei doni per comprare il mio silenzio. Come mio padre. Io regali non ne voglio da nessuno. Neanche se sono libri. Eppure li accetterò, anche da lui. Per amore ho sopportato qualsiasi cosa. Ora lo so.

Poi all'improvviso il treno accelera velocissimo e io mi trovo tra le lamiere. Sono coperta di sangue e sto per morire. Il vagone si muove appena all'indietro, per farmi vedere un'altra cosa. Poco prima dell'incidente, ci sono io in mezzo al salotto che spacco cornici e rovescio libri. Urlo, urlo contro mio padre. Maledetti uomini che ingannano e comprano il silenzio. Fanno regali inutili al posto dell'amore che non sanno provare. Piccole inutili concessioni. Complice della mia distruzione, io sono restata zitta senza reagire. Mi sono adattata. Ho sopportato. Maledetta me. Maledetti voi.

Butto via i romanzi, le creme, gli orecchini, le fotografie. Via dalla mia vita. Il dolore che sto per infliggere al mio corpo prima passa nella mia mente. È un veleno potente e io lo bevo.

Sto uscendo per andare ad ammazzarmi dentro al Muro Torto.

Ho aperto gli occhi di colpo.

Elena è commossa e la mano che impugna la penna trema.

“Ora ricordi chi è?”

Faccio di no con la testa.

35

"Ah, e così hai scopato con la figlia dei vicini? Complimenti."

Non capisce perché gli sia venuta voglia di andare a trovare Sofia. Forse è stato proprio per raccontarle la sua avventura. Aveva bisogno di essere accolto, compreso. Come sempre, gli serve qualcuno che lo stia ad ascoltare, per amplificare quello che prova e capirlo meglio.

Che cosa sente veramente? Il dolore è causato dalla mancanza di Rita o dalla vicinanza di Irene? Tutto, ha bisogno di esternarle tutto, noia compresa. Ormai è andata. Si autoassolve subito, però capisce che quella confessione è stata un errore. Sofia è pur sempre una donna, anche se gioca a fare la consigliera di larghe vedute. Mario sa bene che da qualche parte troverà un briciolo di compassione e solidarietà verso le altre, e l'userà per giudicarlo.

"Veramente ha deciso tutto lei. Mi ha adescato davanti casa, ha buttato l'amo del venerdì a rimirar le stelle e nel giorno previsto si è fatta trovare sulla spiaggia, bagnata e nuda. E poi comunque Giuliana ha trent'anni, una laurea, un lavoro, una famiglia. Non è Lolita e nemmeno la piccola fiammiferaia. Si vede che le andava di farlo."

Tralascia di raccontare il dettaglio della propria impotenza: non gli pare argomento da trattare con una donna arrabbiata, le darebbe anche troppa soddisfazione. In fondo è un dettaglio.

Attendendo la replica, si distrae e pensa che in fondo è stata solo una *défaillance*. Che parola straordinaria. C'è dentro tutto: il fallo e la sua caduta. Il *fallimento*, che però detto in francese sembra un piccolo inciampo momentaneo e scusabile, lieve ed elegante. Da dimenticare alla svelta, quasi non fosse mai successo.

"Non ti darà problemi? Ha detto che le piaci, che vuole rivederti. E se perdesse la testa? Ci hai pensato? Se si innamorasse di te e andasse a raccontare ogni cosa a tua moglie? Non sono tutte come Rita, le donne. Qualcuna ogni tanto si arrabbia."

Mario si gratta la testa di lato. Si blocca sentendo la poca consistenza dei capelli. Ormai è quasi calvo. Forse farebbe meglio a rasarsi del tutto. Ripensa a quando da ragazzo li aveva così lunghi e ricci da meritarsi i rimproveri di suo padre. "Capellone sudicio" lo chiamava ogni sera, quando si sedevano a tavola, e pur di non guardarlo, neanche alzava gli occhi dal piatto. Poveraccio. Quando li aveva tagliati per andare a lavorare per Alleanza, il vecchio aveva ricordato a sua sorella di aver fatto tempo prima un fioretto per ottenere quel miracolo, e che c'era da procedere con il ringraziamento in chiesa. Alduino era ateo, perciò le grazie ricevute le faceva regolarizzare agli altri.

"Figuriamoci. I giovani sono egoisti, mica si innamorano. Nemmeno si infatuano. Hai detto bene tu: scopano. Perciò troverà uno che le piace di più. Un *trombamico*, come dicono loro" afferma Mario con tono serio. Non vuole sembrare frivolo. Al limite pentito. E poi ci tiene a tranquillizzare Sofia. È stata solo l'avventura di una sera e non si ripeterà.

Un po' di paura che Giuliana possa fare casino però ce l'ha. Che bisogno aveva di raccontarle del proprio passato, se di lei non gli importa niente? Eppure, dopo il sesso lo ha fatto. Ha accettato che lei mettesse la testa sul suo braccio, rendendolo un momento intimo. La stessa cosa era successa anche con Irene e Rita. Gli è sempre sembrato un gesto bello. La sua terribile, angosciosa, solitaria infanzia è una narrazione importante, un dono di sé che in fondo non gli costa niente.

Aveva parlato di sua madre anche con la collega del sindacato, davanti a un piatto di pasta alla carlofortina, commentando, tra un ricordo e l'altro, che le acciughe erano troppe e perciò eccessivo il sale. E anche lei, come le altre, si era stupita, intenerita, commossa.

"Ma come, il sale, che cosa c'entra adesso il sale? Forse come nelle lacrime. Devi aver fatto questa associazione di idee, povero caro."

E attraverso il tavolo gli aveva preso la mano.

Capirai che psicologa. Mario ricorda ancora lo smalto dato male, le sue unghie irregolari. Detestava Franca per la cura apparente con cui si vestiva e la spocchia con cui parlava ai convegni, infarcendo i discorsi con citazioni latine che lui capiva sì e no. Si vantava perché era laureata, la puttana. Era certo che si lavasse anche poco, la sua vecchia auto era un disastro di polvere e capelli, fango incrostato e sedili chiazzati. Però aveva bisogno di lei, era brava a scrivere relazioni che poi firmavano insieme. Strana e spesso sopra le righe, specie dopo cena e al secondo limoncello, quando diceva di appartenere all'antica nobiltà siciliana e declamava poesie in dialetto. Intanto però gli faceva piedino sotto al tavolo, senza scarpe, se la tovaglia era lunga. Chissà che fine aveva fatto, poveraccia. Era sparita dalla sua vita e anche dalla memoria, quasi del tutto.

Mario pensa che è così che fanno le donne che incontra, spariscono tutte, a partire da sua madre. Pur così lontana nello spazio e nel tempo, immaginata e mai vissuta, lei è sempre presente. Renderla banale e lieve, argomento da conversazione del dopopranzo è un modo per medicare la ferita. Invece di chiudersi, però, quella si apre. Più la narra, banalizzandola, meno lei sembra reale. Meno sembra reale, più ne sente la mancanza. Più ne sente la mancanza, più la odia. Com'era quella cosa che gli diceva Rita? Mi manca chiunque.

Lei era andata in fissa per quella frase. Mario non si ricorda neanche più di quale scrittore sia o in che libro si trovi. Comunque anche a lui è sempre successa la stessa cosa, gli manca chiunque, ed è tutta colpa di sua madre.

“La mia infanzia. È tutto lì il problema” dice a Sofia che lo fissa con aria interrogativa.

La mia testa è in ordine, i pensieri sono chiari e io mi sento felice, pronta per chiamarlo.

Come prevedevo, Elena non mi ha dato indicazioni, mi ha solo fatto gli auguri, borbottando un generico: "Sii te stessa."

Cavolo che scienziata, ho pensato. Però sono stata zitta. Anzi, mi è uscito un caloroso: "Grazie."

La riconoscenza è così riuscita a prendere il posto della rabbia, di colpo, dopo una sola seduta di ipnosi. Me ne accorgo con uno stupore che cresce ogni giorno.

Mio padre ha tradito in un tempo lontanissimo? Adesso che lo so, è un problema che non mi riguarda più. Io ho saldato il mio debito. Ho preso caramelle in cambio del silenzio, poi però mi sono sentita in colpa per cinquant'anni, un tempo che sarebbe stato sufficiente a scontare un omicidio, figuriamoci le corna di una madre. Ho razionalizzato, finalmente. Se di *padre* dopo l'ipnosi non riesco a ricordare che un solo, meschino episodio, vuol dire che l'ho messo al bando dalla mia vita. Non so che cosa farci se l'amnesia è stata la vendetta del mio inconscio.

Adesso anche chiedere favori agli altri non è più un problema. Non trovare il coraggio di domandare di colpo mi sembra sinceramente *stupido*. Sono guarita e ne ho le prove. Su suggerimento di Elena, ho *pregato* Teresa di farmi la spesa e questo non mi ha provocato ansia né rabbia. Sono riuscita a farmi scivolare addosso pure il suo stupore. Di rado le persone prendono bene cambiamenti tanto radicali.

“Aspetta che mi devo organizzare, prima vedo l’agenda”: l’ho sopportato senza considerarlo un atteggiamento di rifiuto. Ora, in preda all’euforia, mi sento capace di qualsiasi cosa e quindi anche di telefonare a Liam.

Mi ha ferita? In che modo? Perché è sparito? Se lo chiamo, lo saprò: punto.

Non può essere peggio di quello che ho passato in questi mesi, al netto del Muro Torto, delle operazioni e dei bulloni nella gamba. Inizio a immaginare. *Visualizzare* è il verbo preferito di Elena. Certo, ci vogliono il luogo e il momento giusto. Al Gianicolo, vicino al tramonto, in quell’ora dolce con l’odore dei pini nell’aria e lo stridore di qualche gabbiano. Era la mia porzione preferita del giorno da adolescente, me lo ricordo. E la celebravo, osservando il sole che andava giù.

Mi truccherò e indosserò un abito carino. Anche qualche goccia di profumo agli agrumi. Seduta in apparente tranquillità su una panchina, con il cuore a mille darò inizio alla telefonata. Dopo sarò libera, perché allora continuo ad aspettare? Non mi pare mai il giorno adatto. A uno manca la luce giusta, all’altro la temperatura, ed è già trascorsa una settimana.

Intanto ho messo in borsa *La scopa del sistema* e *Il giovane Holden*, legati insieme con un nastro rosso. Uniti sono una specie di amuleto, che potrebbe misteriosamente ridarmi la memoria di colpo, proprio come è successo appena tornata a casa dall’ospedale con tutta la faccenda che li riguardava. Ci ho infilato dentro pure due segnalibri. Quello generico della Feltrinelli per *Holden*. È vecchio e consunto ma ha un cuore disegnato su un lato.

Non raccontate mai niente a nessuno. Se lo fate, poi comincia a mancarvi chiunque.

Per l’altro invece è più adatto uno con la foto di un dipinto di Pollock.

Mi manca chiunque. Ricordo quando ero giovane e avvertivo una sensazione e la identificavo come nostalgia di casa, e poi pensavo che era proprio strano, visto che a casa ci vivevo.

Sono arrivata alla conclusione che Wallace avesse puntato il dito proprio sull'idea di Salinger. Quella che lui nel *Giovane Holden* aveva lasciato cadere nell'ultima riga del romanzo come una cosa qualsiasi, buttata lì.

Non aprite, non svelate, tenete i segreti dentro il vostro cuore o il cuore vi si aprirà al punto che nessuno più ne farà parte e tutti vi sfuggiranno, mancandovi: un concetto gigantesco, soltanto suggerito.

E allora ci aveva pensato Wallace a riprenderlo. Non con il tradimento del plagio ma come una dichiarazione d'amore. E nello scriverla l'aveva forse messa in pratica. Aveva aperto il proprio cuore fino ad annullarsi, e allora quello gli si era spezzato per davvero.

Dopo un mese, il giorno giusto infine arriva. Ma non sono io a sceglierlo.

37

Sofia si è dimostrata dolce e materna proprio come piace a Mario. Spesso il destino delle persone è atroce, fa perdere loro per strada quelli che amano di più. Ma non averli mai conosciuti, né averne in sé viva alcuna immagine, quello è il dolore più grande: anche Sofia ha dovuto ammettere che non è una sofferenza paragonabile ad altre.

Coloro a cui ha raccontato di sua madre sono stati tutti d'accordo con lui. Era importante che lo fossero, il suo malessere deve venire in qualche modo legittimato.

Adesso Mario tace e sorseggia l'infuso di karkadè dolce e aspro che Sofia gli ha preparato. Ora che le ha rivelato la sua parte più intima si sente in pace. Nient'altro da dichiarare: come avesse confessato un delitto nei minimi dettagli.

Nel suo caso può andare solo per sottrazione: i compleanni in cui sua madre non c'era; i goal per cui lei non ha esultato; il diploma, i traguardi professionali di cui non è stata orgogliosa; il matrimonio a cui non è andata; i nipoti che non ha conosciuto.

"Maestrina" la chiamava zia Adele che per crescerlo ne aveva preso il posto in famiglia. Mani al posto di altre per dare carezze e schiaffi, preparare merende con pane, vino e zucchero, disinfettare ferite. Quando era stanca o esasperata, la zia diceva a mezza bocca cose per lui all'inizio incomprensibili. Che la maestrina si era insuperbita. Che il figlio dell'operaio lo aveva dovuto partorire per forza ma poi aveva vinto il concorso e arrivederci, era scappata al nord e non era più tornata.

Di lei gli era rimasta solo una foto, rubata dal cassetto di suo padre. Chissà se era davvero quella donna dal viso tondo e triste, con il bambino in braccio, seduta accanto a un uomo sconosciuto. Chissà se era lui quel neonato. Poteva essere una parente col proprio figlio e marito, una famiglia degli anni '50 che aveva inviato ai cugini una foto ricordo. In fondo non ci sarebbe stato niente di strano, allora si usava così.

O forse era davvero sua madre e quello con lei il suo amante. Lo immaginava volitivo e prestante, e anche colto, non come il padre. Uno con cui si poteva scappare e rifarsi una vita.

Sullo sfondo, nella foto, c'erano dei campi. Sul retro, il nome del paese in cui era nato e da cui era andato via a due anni, insieme a una data: Città di Castello, 26 luglio 1958.

Mancavano però troppi dettagli. Negli anni '60 il divorzio non c'era. Si era informato con un amico che studiava giurisprudenza, l'abbandono del tetto coniugale all'epoca era punito dalla legge. Perché suo padre non si era fatto valere? Perché non l'aveva cercata e costretta a tornare a casa? Forse perché lei era morta giovanissima, dopo essere finita sotto un tram che le aveva tranciato una gamba.

Aveva trovato un trafiletto di giornale nella cassapanca in fondo al letto di suo padre. Era morta dissanguata, Maria. Sua madre si chiamava così. Lo aveva abbandonato per andare a fare l'insegnante e crepare in una città nebbiosa. Forse aveva generato altri figli, forse non ne aveva avuto il tempo. Come era potuto accadere che decidesse di vivere senza di lui? Respirare, fare la spesa, tagliarsi i capelli, scegliere un vestito, toccare una mano, sorridere, guardare in faccia i suoi piccoli allievi, fare qualsiasi cosa?

Dopo qualche mese da quella scoperta aveva fatto indagini che lo avevano condotto fino al cimitero milanese più probabile. Aveva telefonato dall'ufficio, con il cuore in gola e la pressione alle stelle, e il custode di Muggiano gli aveva confermato che era davvero lì. Maria Santini, anzi, Maria Annunziata Santini.

Con la scusa di un'urgenza con la direzione della compagnia la mattina seguente era partito. Era restato sulla soglia del camposanto per quasi un'ora, fumando, asciugando qualche lacrima, poi aveva comprato una rosa. Infine, buttata l'ultima cicca, aveva messo il fiore su una vecchia tomba a caso, scegliendola per via dell'angelo a cui mancava un pezzo d'ala, e se n'era andato senza vedere dove fosse lei.

Felice per quella vendetta da niente, era tornato stordito alla stazione e aveva preso il primo treno per Roma. Durante il viaggio aveva deciso di sposare Irene e organizzato il matrimonio in ogni dettaglio. Ma continuava a pensarla, sua madre, maledicendola.

Sofia sospira.

"Il dolore che ancora provi per tua madre avrebbe dovuto renderti più umano. Impedirti di abbandonare Rita, di farle del male. O forse il fatto che non fosse tua moglie la rendeva sacrificabile?"

Eccola. Lui le ha spalancato il cuore e lei lo usa per appuntarci degli spilli.

"Per stare con lei avrei dovuto lasciare Irene e i ragazzi. C'era dentro di me una voce che mi urlava di non farlo, perché sarei stato spacciato, e anche tra noi sarebbe stato un fallimento. Ogni cosa finisce, in ogni caso: giusto? E io sarei restato con un pugno di mosche. E poi non potevo fare a mia moglie e ai miei figli ciò che mia madre aveva fatto a me. Rita mi è comunque restata dentro. Dovresti saperlo bene."

"E Giuliana?"

"Ma che importanza può avere? Lei con me non c'entra proprio niente."

Sofia lo guarda, scettica. Il giorno prima ha incrociato la ragazza nel bar in cui ogni tanto va a prendere l'aperitivo, per caso. Solo che lei al caso non ci crede e Giuliana la fissava in modo insistente. È sicura che si sarebbe avvicinata per dirle qualcosa, se non ci fosse stato anche Vittorio.

"Quindi ti sei rassegnato? Hai rinunciato alla donna dai capelli rossi che legge tanti libri e fa strane congetture sugli scrittori?"

Mario non risponde ma dentro di sé la maledice. Quanti mesi sono passati da quando ha provato a chiamare Rita? È successo una volta sola. Perché invece non ha insistito? Se si concentra può sentire la SIM italiana pulsare attraverso il cuoio del portafoglio. L'ha legata con del nastro adesivo all'anello con la pietra celeste. Nel telefono ha la scheda Orange che lo tiene connesso con un mondo che per lo più gli è indifferente o che detesta. Con i conoscenti italiani a Lanzarote che non sono amici, a parte Vittorio e Sofia; con qualche ristorante, e naturalmente con Irene.

"Credi che dovrei provare ancora a cercarla? Ma che cosa potrei dirle?"

"La verità. Una parola qualsiasi per spiegarle quello che hai fatto ma anche come ti senti. La verità è un gran dono. Poi magari scopri che adesso lei sta bene, che frequenta qualcuno e che nemmeno ti detesta. Certe donne sanno essere molto generose."

Ah, ecco, sul suo cuore non voleva appuntare uno spillo ma piantare un palo di acciaio. Poche parole sono bastate per fargli visualizzare l'unica possibilità che finora ha escluso.

Rita al Gianicolo, con un libro in grembo; al supermercato mentre compra piccole porzioni; durante il pranzo di Natale da sua sorella, sempre da sola: questo aveva imposto alla propria mente ogni giorno. Rita con un altro era un'idea inconcepibile.

Questo può spiegare perché lei non l'abbia più cercato. La donna che lo amava un tempo avrebbe attraversato il mare a nuoto per lui. E ora va al supermercato con un uomo, magari più giovane. In un museo, alla stessa mostra di Arcimboldo che hanno visitato insieme. Al mare lei si mette in quella posizione che lo faceva impazzire. Sa di piacere agli uomini e fa di tutto per mettersi in mostra.

Mario si alza e con una scusa se ne va dopo qualche parola di circostanza.

Prima di togliere il lucchetto alla bicicletta apre il portafoglio e controlla che il contenuto sia al suo posto. Si ferma due volte sul lungomare e cerca di trovare la forza per gettare tutto in acqua. La vita tanto ormai non può più cambiare. A Roma sarebbe stato difficile ma possibile. A Irene avrebbe potuto dare la casa, e un assegno di mantenimento. Le avrebbe lasciato tutto. Lui con Rita. In qualche modo avrebbero fatto. Lei sarebbe stata capace di qualsiasi cosa per stare insieme. "Per te farei i numeri a colori" gli diceva sempre.

Apre il portafoglio, guarda la SIM che è bianca, rossa e blu. Eccoli, i numeri a colori. Butta la bicicletta di lato alla spiaggia, si siede sul marciapiede, apre il telefono, cambia la scheda.

A sceglierlo sono stata io con un clic. Cinque minuti in tutto. I voli Ryanair sono scomodi, chiassosi, affollati e pieni di persone nervose anche se stanno andando a divertirsi alle Canarie.

Odio gli aerei. Ogni volta che ne prendo uno penso che morirò, che del mio corpo non resterà nemmeno un atomo, che nei secondi prima dell'impatto mi troverò schiacciata addosso a gente urlante e disperata. Oppure che appena salirò, nel sedile accanto al mio si siederà qualcuno di ingombrante, appoggerà il gomito sull'unico bracciolo e puzzerà: la sua ascella emetterà quella nota di ammoniaca che mi farà svenire. Così forse neanche mi accorgerò di precipitare.

Il posto accanto al finestrino non lo avrei voluto ma ho prenotato ventiquattr'ore fa ed era l'unico rimasto. Ci ripenso e mi incanto. Quanta può essere la mia urgenza? Ho trascorso un mese ad aspettare il momento giusto per telefonargli, poi è successo l'incredibile. Altro che Gianicolo al tramonto. Ormai lo so che nella mia vita niente va mai come lo progetto.

In quei trenta giorni di attesa dopo l'ipnosi il mio corpo è rimasto come sospeso. Galleggiavo. Ho ripreso un poco a mangiare e a dormire, come se l'organismo volesse darmi ancora una possibilità: casomai ti distruggerai più tardi, ma adesso torna a fiorire. Sono stata sul punto di morire ma non per l'incidente. Per noia, inedia, mancanza d'amore, per le fissazioni e per il dolore. Il vuoto che avevo dentro mi aveva quasi risucchiata. E invece i ricordi usciti con l'ipnosi mi hanno spinta di nuovo fuori, nel mondo. A salvarmi è stato proprio il passato che mi aveva quasi uccisa. Ora voglio solo vedere come va a finire.

Ho scelto con cura l'abbigliamento: jeans e scarpe basse. Mi sono truccata bene, in modo leggero ma perfetto. Ho fatto i capelli dal parrucchiere, ricci, scalati sopra e tagliati pari alle orecchie. Ho accentuato il biondo, adesso sono meno rossi e più dorati.

Il mio vicino profuma e mi ha lasciato il bracciolo, tenendo le mani in grembo, incrociate. Da sotto la manica della camicia gli spunta un tatuaggio. È il tentacolo di un polpo. Penso a Hokusai, al sogno erotico della moglie del pescatore. Un sogno fantastico. Chissà se ne avevo mai parlato con Liam. Con gli uomini credo mi piaccia godere soprattutto in quel modo ma non ne sono sicura, come di tutto il resto. Guardando le ventose grigio-azzurre far capolino dal polso del vicino però sorrido tra me e me. Mi sento strana e leggera. Ha con sé un libro dalla copertina celeste, Biblioteca Adelphi 366, elegante come sempre. Cerco di sbirciare il titolo ma lui lo infila svelto nello zaino. Quel volume mi pare di conoscerlo, ma non ho il coraggio di fare domande. Temo di sembrare una donna di mezza età che vuole attaccare bottone con uno sconosciuto giovane e bello.

Intanto i pensieri vanno liberi e allora guardo fuori. Tre giorni fa tutto questo mi sarebbe sembrato impossibile. Sto andando a conoscere l'uomo che amo. Che amavo. Che forse amo ancora. Quando mi ha detto di essere a Lanzarote una parte di me aveva già deciso, aveva prenotato, ed era salita sull'aereo. Come se tutto fosse stato stabilito in anticipo, come in un romanzo già letto. Non ho avuto dubbi, era la cosa giusta da fare. Conoscerlo, o forse riconoscerlo.

E se non avvenisse? Se per me restasse un estraneo o se di lui ricordassi solo un dettaglio, un singolo detestabile episodio, come è accaduto con mio padre? Che cosa gli dirò? Come mi comporterò?

Il decollo è già avvenuto e quasi non me ne sono accorta. Incredibile. Il mio cuore non è accelerato, il respiro è regolare, non ho la nausea né il bisogno di fare la pipì. Anzi, ho fame. Ad arrivare impiegherò quattro ore e un quarto, meno una del fuso orario all'arrivo. Così avrò un'ora in più da vivere. Questo mi rende felice. Non ho voluto che Liam venisse a prendermi in aeroporto. Liam che ha detto di chiamarsi Mario e io non so neanche che faccia abbia.

Non voglio scoprirlo dentro un posto gelido pieno di gente frettolosa. Voglio scoprirlo davanti al mare.

39

Mario si sente molto calmo. Non gli importa di ciò che potrà accadere, ormai è come se la sua vita fosse di qualcun altro. È morto e risorto, niente ora in lui corrisponde alla persona di tre giorni prima.

È seduto a un tavolo del suo bar preferito, dove ormai tutti lo conoscono e potranno vederlo mentre incontra Rita, ma non gli interessa. Sono passate poco meno di trentasei ore da quando ha tolto dal telefono la scheda Orange e rimesso quella italiana, spegnendo e poi riattivando la connessione. In memoria c'erano tre chiamate di colleghi e una della direzione della compagnia di assicurazioni, più qualche messaggio da parte di lontani parenti. Di Rita però nessuna traccia. Non si è lasciato scoraggiare. Ha provato a telefonarle e lei dopo due squilli gli ha risposto.

Vorrebbe saper descrivere con esattezza quello che ha provato. Lasciare una testimonianza. Una poesia su cui sia scritto che anche Mario Parenti ha avuto nella vita un momento di perfetta felicità.

Quella sera ha cercato di spiegare il proprio stato d'animo a Sofia, chiamandola di nascosto dal bagno, come un adolescente. Le ha detto che sentire la voce di Rita è stato come uscire di nuovo dal corpo di sua madre, riconciliandosi con l'esistenza. Rinascere come se tutta l'aria del mondo, la più pulita e fresca, gli finisse nei polmoni, fino quasi a farlo schiantare. Il suo cuore non era più suo. Si era sentito piegare in due per il dolore e girandosi verso il mare aveva pensato che sarebbe morto di infarto su quel marciapiede, nell'isola di Lanzarote, lui che era umbro. Che razza di destino. Avrebbe voluto farsi seppellire nel cimitero monumentale, vicino ai nonni e ai bisnonni, accanto a suo padre, che da Roma era tornato a Città di Castello dove era nato. Ma per rientrare come salma in Italia sarebbe servita una montagna di soldi, e in un attimo si era figurato la reazione di Irene, priva di qualsiasi senso pratico. Si era messo a ridere, pensando alla bara, a sua moglie, al vestito che gli avrebbe fatto indossare, al casino che sarebbe stata capace di fare con i documenti. Stecchito sul marciapiede con il cellulare in mano. Che classe. Morto in bermuda e maglietta su un'isola per colpa della troppa felicità.

Rideva, mentre Rita dall'altra parte gridava. "Pronto, pronto!" E poi all'improvviso si era zittita. E anche lui. Da una parte era restato il sottofondo del traffico di Roma, dall'altra quello del mare. Avevano respirato entrambi in modo affannoso.

Poi lei gli aveva fatto quella domanda.

"Mi dici qual è il tuo nome, per favore?"

Lo aveva capito subito che non stava giocando, non faceva la scema, davvero lei non lo sapeva. Non lo riconosceva.

"Mi chiamo Mario Parenti e sono umbro. Anche tu, per caso?"

Rita era rimasta un poco in silenzio.

"No, io sono nata a Roma, ma gli umbri mi piacciono tanto. Quello che più amo in loro è la riservatezza. E poi continuo a pensare a un paese che si chiama Città di Castello. Ma non so il perché, visto che non ci sono mai stata."

Mario si era sentito trapassare. A quella briciola di conversazione, a quel piccolo consenso di lei, si era aggrappato con forza. Aveva cercato un tono insieme intimo e lieve: "Per me ormai l'Umbria è solo un ricordo lontano ma ammetto che mi piacerebbe tornarci. Sarebbe bello vivere in un casolare di pietra, in campagna. E in inverno vedere arrivare la galaverna sulle piante, come quando ero piccolo."

Lei aveva risposto con voce incerta: "Io vorrei anche delle galline. Mi piacciono le uova fresche. Mi piace fare la sfoglia e anche bere l'uovo bucandolo con lo spillo. Lo facevo sempre quando stavo da Fanny. Mi ci lasciavano i miei." Poi si era interrotta.

E lui dall'altra parte invece era rimasto sospeso. Ecco com'era *galleggiare*. Avrebbe voluto inginocchiarsi, cazzo, e baciare la strada, ringraziare Dio, il caos, il mondo, la sabbia, il vento.

"Tu dove sei ora, Mario? Non a Roma, vero?"

"Adesso vivo a Lanzarote. Non te lo ricordi?"

"Sono tante le cose che non riesco più a ricordare."

Voleva chiederle se le fosse rimasta qualche traccia di lui, ma la risposta era evidente: non sapeva neanche il suo nome. Nella mente di Rita non esisteva più. *Peggio che essere morto.*

Chissà che cosa le era successo, chissà se era malata. Ma lei aveva tagliato corto e interrotto quelle congetture: "Ora scusa ma devo proprio andare."

Lui non aveva replicato, cercando di non pensare più a niente. Si era solo piegato su sé stesso, come una virgola prossima a chiudersi in un cerchio. Stordito per la profonda delusione, aveva ripreso la strada di casa. Ma dopo pochi minuti, appena prima di rientrare, il telefono aveva squillato di nuovo.

"Arrivo dopodomani con il volo delle 16,30. Dimmi solo il nome di un posto vicino al mare dove possiamo incontrarci." Era stata un'unica emissione di voce, velocissima. Non ammetteva repliche. No, non voleva che lui andasse a prenderla all'aeroporto. Le serviva solo il nome di un luogo accogliente.

"Bar dei naviganti" era stata la sua risposta, altrettanto rapida. E le aveva dettato l'indirizzo.

Rita aveva interrotto la chiamata senza aggiungere altro, neanche un saluto. Mario era rimasto seduto sullo scalino per un pezzo, cercando di riprendere fiato.

Così adesso è rilassato sulla sua sedia, nella bella veranda del bar da cui si vede la spiaggia. Ha bevuto una birra e avrebbe voglia di una canna. Potrebbe fargli male come era successo anni addietro, quando Irene aveva dovuto portarlo al pronto soccorso e il medico di turno l'aveva subito scoperto.

"Ma le pare di fumare l'erba all'età sua? E poi con l'alcol, ma si rende conto?"

Lui aveva pensato che quel trentenne era una testa di cazzo saccente. Che cosa poteva saperne dei ragazzi degli anni '70? Niente. Però non glielo aveva detto e così per la frustrazione aveva rosicato da matti. Sofferente ma ancora un po' sballato, steso sulla barella in un angolo del corridoio, smaniava e ce l'aveva col mondo. Avrebbe voluto telefonare a Rita e non poteva. Il telefono era rimasto nella borsa di Irene, e per fortuna prima di passarglielo lo aveva spento. Poi però gli avevano fatto una flebo e la pressione era tornata a posto. Allora si era calmato ma continuava a pensare a quella donna conosciuta da poco.

Aveva dieci anni in meno, Cristo. Quando loro due erano ancora in tempo per fare qualsiasi cosa, pure un figlio, pure scappare via, a Lanzarote o sulla luna ma insieme.

Per un istante desidera la morte di Irene. Fine di ogni problema. Con quel pensiero si gingilla per qualche secondo, poi lo lascia stare e passa ad altro.

Si è messo una bella camicia di lino bianco con le cifre rosse, M.P.

Ne va molto orgoglioso, anche se l'ha presa in un mercatino rionale e le cifre le ha fatte ricamare dalla sarta cinese sotto casa. Se pensa a quanti poveri stronzi sprecano soldi nei negozi, e lui invece nelle bancarelle sa scovare tesori. Usato garantito, chi vuoi che se ne accorga, la firma è firma. L'eleganza o ce l'hai o non ce l'hai, e lui è convinto di averla. Quella era una camicia di Armani usata pochissimo, quasi nuova. Lo sa che con l'abbronzatura gli dona. Piace a Irene e piaceva anche a Franca. E naturalmente a Rita.

È emozionato. Mentre la aspetta inventa mille modi per tenere la testa impegnata. Conta i listelli in legno di tek che ricoprono le pareti e conferiscono all'ambiente un tono caldo. Conta i pescherecci sulla linea dell'orizzonte. Servendosi della lingua, conta anche i denti all'interno della propria bocca. Perduto tra tutti quei numeri, non si accorge che gli si è avvicinata Giuliana.

"Ciao."

Alza di scatto la testa, un po' di lato, come se alla guida di una bella auto avesse sentito un rumore secco difficile da decifrare. Non è il tipo da agitarsi per un contrattempo e lei di sicuro sarà lì con degli amici. Basta però che se ne vada alla svelta, sono già le diciassette.

"Ciao, che sorpresa. Che cosa ci fai qui?"

"Niente, ero di passaggio. Ti ho visto seduto e ho pensato di fermarmi. Ti sta bene questa camicia." Intanto allunga una mano sulla sua spalla e Mario si irrigidisce.

"Oh santo cielo! Non credevo di essere così repellente."

Giuliana sì che ha fumato, e questo è davvero un problema.

"Mi manchi. Mi sento sola. E quando sto così divento antipatica."

Forse è una minaccia. La ragazza si siede allungando il busto sulla sedia in modo innaturale. Pare fatta di gomma, le belle gambe abbronzate si infilano scomposte sotto al tavolino, cercando il contatto con quelle di lui. Mario ragiona alla svelta. Potrebbe alzarsi e lasciarla lì ma teme la sua reazione.

"Posso offrirti qualcosa? Sto aspettando mia moglie ma puoi unirti a noi per l'aperitivo, se vuoi." Uno dei motti latini con cui la siciliana infarciva i propri discorsi era *tertium non datur*.

L'indifferenza e la falsa gentilezza che ostenta sortiscono l'effetto cercato. Dallo sguardo di Giuliana esce odio mentre si alza in piedi di scatto.

Chissà perché le amanti temono tanto le mogli. Soltanto le mogli.

Se le avesse detto che stava aspettando un'altra si sarebbe di sicuro alterata, sentendosi tradita a sua volta. Offesa. Così, invece, scapperà. Una donna è pronta a fare scenate a un'altra, ma non a riceverne dalla moglie del proprio amante. È tutta una questione di diritto di precedenza, come nei vecchi quiz per la patente di guida.

Infatti lei gli sibila: "Sei una merda, Parenti" e svanisce.

Nello stesso momento, Mario vede Rita entrare nel bar. Indossa jeans attillati, ballerine, una maglietta aderente di cotone bianco a righe blu. I capelli rossi sono tagliati corti. Forse meno rossi, più biondi di come se li ricordava. Magari è il riflesso del sole. È molto più magra di un tempo. Ma è un tempo fatto solo di alcuni mesi. Devono farle male le scarpe, perché zoppica in maniera leggera.

Rita sorride. Sorride con un'espressione incantata, stupita, è anche un poco preoccupata. Magari teme che lui non ci sia, che abbia disertato l'appuntamento.

A Mario viene l'impulso di nascondersi per farle uno scherzo e continuare a guardarla senza essere visto. Vorrebbe spiare l'ansia sul suo volto, la voglia che ha di riuscire a trovarlo, lui e solo lui. L'unico da amare in mezzo a una marea di uomini insignificanti. È questione di istanti, tra poco lo scorgerà. Infatti Rita guarda il mare, poi torna subito a cercarlo tra i tavoli.

Lui si alza in piedi. Senza volerlo mette una mano in mezzo al torace, la mano abbronzata sulla camicia bianca, come per una specie di giuramento. Chissà che effetto può farle, si chiede. Ha il cuore che gli esce dal petto.

Lei lo fissa e si dirige al suo tavolo.

Davanti al mare c'è Mario Parenti che sorride, pieno di amore e speranza.

Anche Rita sorride, in un modo che a lui pare rivelare una specie di timidezza.

Provo imbarazzo. Non lo conosco e non riesco nemmeno a guardarlo negli occhi. Nella mia memoria non c'è un solo neurone disposto a rimandare l'immagine di quest'uomo appesantito e senza capelli, col naso grosso e gli occhi piccoli. Mentre parla gli osservo la bocca. Ha i denti brutti. La sua voce è stridula e si modula sul falsetto ma poi all'improvviso diviene roca e scende.

Sono così presa dalla mia ricognizione che non ho sentito che cosa mi abbia detto. Sono distratta. Lui mi mette a disagio come fa anche *padre*. Vogliono entrambi essere riconosciuti da me, lo vogliono in maniera disperata. Quest'uomo non somiglia a Liam Neeson, proprio no. Forse in modo vago. E comunque non è come l'avevo immaginato.

Eppure sono stata la sua amante per anni: è questo il pensiero che mi attraversa senza riuscire a entrarmi nelle ossa e nel cuore. Mi pare un equivoco, una specie di bugia inventata da chissà chi.

"Hai volato bene?"

"Sì."

"E non hai?..."

"Avuto paura? No. Ed è sembrato impossibile perfino a me. Sono salita, mi sono distratta cercando di scoprire quale fosse il titolo del libro che stava leggendo il mio vicino di posto. Quando ho capito che non ci sarei riuscita, l'aereo in pratica era già decollato."

Mario si sente a disagio, c'è qualcosa in lei che non va. *Non le importa.* Non lo sta ad ascoltare, sembra mezza scema. E poi lo infastidisce l'idea di un estraneo seduto vicino alla sua donna. Uno che per attirare l'attenzione sfoggia un libro. Il solito intellettuale del cazzo. A quanto pare c'è riuscito a distrarla, se si è perfino dimenticata di stare su un aereo. Rita ha sempre avuto il terrore del volo. È stanco e nervoso ma tenta una battuta:

"Dicevi che con me saresti venuta in capo al mondo. Ma solo in treno."

Osservo quella parola staccarsi dalle sue labbra e restare a mezz'aria. Fisso la parola. La fisso ancora.

TRENO

Il treno si ferma, io ci salgo sopra. E vedo finalmente in modo chiaro ogni cosa, come da un osservatorio ideale. In alto e in basso o ancora più giù, rasoterra. E poi in cima al cielo. Tutto insieme. Vedo l'inizio e la fine della nostra storia, e ogni secondo che c'è stato nel mezzo. Sento l'amore e il dolore. Le lacrime asciugate che mi tornavano subito agli occhi. Capisco ognuno dei torti patiti, che non ero riuscita a comprendere nel momento in cui li subivo. Poi subito dopo li rifiuto, vomitandoli via dalla mente. E mi volgo ad altro. Immagini, colori, odori.

Osservo quello che lui era ed è. Mi rendo conto che nessuno specchio può rifletterlo.

Hai i denti storti. Sei grassa. Sei magra. Ma io scherzo, cretina. Ti amo. Non posso venire. Ho mal di schiena ma forse ce la faccio lo stesso. Devi capire la tensione dell'incertezza. Quando arrivo sono nervoso, poi mi sciolgo. Ho bisogno di tempo. Fammi un massaggio. Tu sei brava. Irene non li sa fare. A casa me li faccio da solo. Che importa se ti hanno operata ieri? Vieni. Facciamolo. Prendo il burro. Mi è venuta l'idea mentre facevo colazione in Sicilia, l'altro giorno. Che c'entra quella deficiente di Franca? È solo una collega. Dormiamo in camere contigue, perciò se mi chiami al telefono devo parlare piano. È pazza di me. Mi racconta tutto. Vede in me un esempio. Mi ha regalato un braccialetto con una stellina d'oro. Ma che sei gelosa? Sei dolce da fare schifo. Sei cretina. Sei tenera come Il tenero Giacomo. *Sei buffa. Vedi sempre il bicchiere mezzo pieno. Sei sensuale. Sei bella. Girati che ti prendo da dietro. Hai la pelle secca. Datti un po' d'olio. Dovresti dimagrire. Irene è grassa, non vorrai diventare come lei? Fammi vedere il telefono. Fammi vedere i conti. Come lo facevi con tuo marito? Ce lo aveva più grosso di me? Com'era? Ti piaceva? Quanto ti piaceva? Fammi vedere il tuo* PC. *Dammi la password. Mi collego con TeamViewer. Copio i documenti, posso essere il tuo archivio. Io mi sono fatto da solo. Sono figlio di un operaio. Sono un uomo d'affari. Io so come vanno le cose. Sei dimagrita un po' troppo. Chi ti scrive su Messenger? Tanto lo so che c'è chi ti sta dietro e ti scrive le letterine. Eh. A me non mi prendi per il culo. Nessuno mi ci può prendere. Riesco a leggerti nel pensiero. Belle tette. Riesco a leggere i messaggi anche se non me li fai vedere. È una specie di pensiero magico. Bel culo. So tutto di te. Ti piace piacere. Come stai sdraiata al mare. Ti guardano. Sei sempre a guardare se ti guardano. A te ci penso io. Vedrai che te lo levo, il vizio.*

Nello stesso momento, mi rivedo.

Chi sei? Perché quell'uomo che ha le tue iniziali scrive come te? Lo so che è un tuo profilo fake. Marcantonio Proietti sei tu. Che bisogno avevi di assumere un'altra identità? Che bisogno c'era di spiarmi? Dici che le donne sono tutte troie come tua madre. Dici che le donne abbandonano. Dici vieni che ti scopo. Una, due, sette volte. Dici sono bravo. Guarda come sono bravo. Dici nessuno è bravo quanto me. Nessuno mai ti ha scopato come me. Dici lasciati respirare. Hai le mani sulla mia gola. Mi dài uno schiaffo sul sedere per farmi godere. Non godo più. Mi fai paura. Dici che scema sei. Provo a scappare. Scrivi lettere di supplica. Scrivi lettere di minaccia. Mi riprendi. Dici che cambierai. Dici lo sapevo che dovevo solo trovare la donna giusta per le mie potenzialità. Dici posso scopare all'infinito. Dici ma non ti si arrossa mai? Dici tu non sei normale. Io non sono normale. Dici noi siamo uguali.

No. Noi non siamo uguali.

È durato un secondo. La mia mente è stata attraversata da una serie di pensieri sconnessi che non ricordo neanche bene, uno più brutto dell'altro. Mi è rimasta addosso una sensazione di disagio e una grande spossatezza.

Con quest'uomo non ho niente a che vedere e in sua compagnia non mi sento nemmeno tranquilla. Mi sta guardando con occhi un po' spalancati, da pazzo. Forse vuole solo sottolineare l'importanza che ha per lui questo momento.

E parla, parla. Dice di aver sofferto. Chiede com'è possibile che io non mi ricordi di lui. Aggiunge qualcosa su noi due. Qualcosa di intimo. Poi parla di sua madre. Non capisco il nesso, forse prima deve aver detto delle frasi che io non ho ascoltato. Neanche adesso riesco a seguirlo. Sono distratta, imbambolata. Perciò lui adesso pare stizzito. Lo vedo da come si agita sulla sedia.

È arrabbiato. Sta stringendo i pugni sul tavolo e si trattiene a stento. Forse vorrebbe urlare. Per fortuna c'è tanta gente intorno. Non mi piace e non lo riconosco. Mi fa lo stesso effetto di *padre* quando veniva a trovarmi in ospedale. Mi pare solo una forzatura.

Vorrei chiedergli scusa ma non mi esce la voce. Ma poi perché? Scusarmi di che cosa?

Lui si è solo dovuto trascinare fino al bar, a pochi passi da casa.

Io, invece, ho volato.

Guardo l'orologio. Ho prenotato una stanza in un hotel vicino all'aeroporto. L'aereo per il rientro sarà tra dodici ore.

Adesso posso passeggiare in riva al mare, vedere qualche negozio, cenare in un buon ristorante.

E mentre ci penso sono già fuori.

RINGRAZIAMENTI

Voglio ringraziare le amiche con cui mi sono confrontata sul tema della violenza psicologica e fisica subita dalle donne a causa di partner narcisisti patologici.

Barbara, Cristiana, Elisabetta, Gabriella, Lucia, Paola Maria, Teresa: se sono qui è anche merito vostro.

Grazie a Sergio Garufi per il discorso su Wallace tenuto alla Scuola Holden il 6 novembre 2008 e a Rita per il viaggio a Lanzarote.

Ma soprattutto grazie alla mia editrice Daniela Di Sora, che scegliendo questa storia ha dato senso a un dolore insensato.

Redazione di
Angela Santi

Grafica
Progetto: Alberto Lecaldano
Font: *Voland*, Luciano Perondi, 2010

Stampa
Starprint srl
via Amilcare Ponchielli 51
24125 Bergamo

Finito di stampare: agosto 2021

Edizioni Voland
00186 Roma, via di San Benedetto in Arenula 14
tel. 06 45496060
www.voland.it
e-mail: redazione@voland.it